金融機関のリスクテイキングと資産バブル

青木 浩介

三菱経済研究所

序文

　様々な時代の様々な国において，大きな景気の拡大と縮小には金融部門が重要な役割を果たしてきた．中でも，景気拡大期における銀行の積極的なリスクテイキングと，縮小期における銀行バランスシートの毀損の役割は，大きな景気循環を理解する上で非常に重要だと筆者は考える．2000年台後半の米国発の世界金融危機と1980年台後半から1990年台にかけての日本の経験は，その典型的な例であろう．

　銀行の伝統的な業務形態は，貯蓄主体から預金を集めてそれを企業などの投資主体に貸し出すことである．預金利子率に比べて貸出利子率が高い場合には，その2つの利子率の差である「預貸スプレッド」が銀行収益の源泉である．預貸スプレッドが十分であるならば，銀行は伝統的な貸出業務から十分な収益を上げる事ができる．銀行業は信用の上に成り立っているので，伝統的な業務で十分に収益が上がっているならば，自らが存亡の危機に陥る危険があるような過剰なリスクは取らないと考えるのが自然に思われる．しかし，現実には事後的に見て銀行が過剰なリスクをとる事例が世界各国で見られる．それでは，いつどのような状況の時に銀行は大きなリスクをとり，その結果として銀行のみならずマクロ経済全体が大きく不安定化するのだろうか．これが本書の問いである．本書は，その問いについて筆者の理論研究の一部を統一的な枠組みにまとめ，加筆して新たな視点の提示を試みたものである．

　第1章は短い導入の役割を果たす．そこでは銀行が直面するリスクの種類について簡単に整理し，「システミックな市場リスク」の一つで

ある資産バブルの考え方を説明する．続く第2章と第3章では，資産バブルに投資をするという形態のリスクテイキングを，銀行が行う状況と，そのマクロ経済に対する帰結を分析する．リスクテイキングの原因として，第2章では政府の政策，第3章では借手の資金調達手段の多様化を考察していく．第2章では，政府が用意する銀行に対してのセーフティ・ネットが，銀行のモラルハザードを生む場合を考察している．もちろん，預金保険機構や金融危機後にしばしば行われる銀行への資本注入は，金融システムを安定化させるためのものである．しかし，それがモラルハザードを生む場合には，銀行がバブル資産に投資し，バブル自体もより巨大でリスクの大きいものになるということを示す．第3章では資金調達手段の多様化として，社債市場の発達とシャドーバンク部門の発達について考察する．どちらも伝統的な銀行貸出の競争相手となることで，銀行のリスクテイキングを誘発する．さらに，シャドーバンキングの場合の方が，社債市場の場合よりも，バブルが崩壊した後の景気後退がより深刻になるということを示す．第2章と第3章で共通することは，銀行が大きなリスクテイクを行う時には，先ほど述べた預貸スプレッドが小さくなっているということである．よって，何らかの要因で預貸スプレッドが小さくなる場合には，銀行が大きなリスクをとっている可能性があるということを示唆している．

謝辞

　本書の内容の多くは，ヨーロッパ中央銀行の Kalin Nikolov 氏との共同研究に基づいたものを統一的にまとめたものである．長年にわたる共同研究ができていることに心から感謝したい．公益財団法人三菱経済研究所の滝村竜介常務理事には貴重なアドバイスと励ましをいただいた．また東京大学大学院経済学研究科の松島斉教授には本書を書く機会を紹介していただいた．心から感謝したい．

　　2020 年 1 月 31 日　　　　　　　　　　　　　　青木　浩介

目　　次

第 1 章　導入：銀行のリスクテイキング ……………………………… 1

1.1　はじめに ………………………………………………………… 1

1.2　金融機関のリスク ……………………………………………… 1

　　1.2.1　銀行のリスクテイキングとシステミックリスク ………… 4

　　1.2.2　資産バブルとシステミックリスク ……………………… 5

第 2 章　資産バブルと銀行のリスクテイキング …………………… 9

2.1　はじめに ………………………………………………………… 9

2.2　理論モデル ……………………………………………………… 11

　　2.2.1　起業家 ……………………………………………………… 11

　　2.2.2　銀行 ………………………………………………………… 13

　　2.2.3　労働者 ……………………………………………………… 15

　　2.2.4　政府 ………………………………………………………… 15

2.3　均衡 ……………………………………………………………… 16

　　2.3.1　起業家の行動 ……………………………………………… 16

　　2.3.2　銀行の行動 ………………………………………………… 19

　　2.3.3　労働者 ……………………………………………………… 21

　　2.3.4　市場均衡 …………………………………………………… 22

2.4　パラメータの設定 ……………………………………………… 25

2.5　バブル均衡の性質 ……………………………………………… 26

　　2.5.1　銀行のリスクテイキング ………………………………… 27

　　2.5.2　銀行のリスクテイキングと経済変動 …………………… 33

2.6　本章の結論 ……………………………………………………… 35

2.7　パラメータ設定に用いたデータ ……………………………… 37

第3章　金融市場の構造変化と銀行のリスクテイキング............... 39

3.1　はじめに ……………………………………………………… 39

3.2　モデル ………………………………………………………… 43

　3.2.1　起業家 ……………………………………………… 44

　3.2.2　非銀行金融 ………………………………………… 46

　3.2.3　銀行 ………………………………………………… 48

　3.2.4　労働者 ……………………………………………… 51

　3.2.5　政府部門 …………………………………………… 51

3.3　均衡 …………………………………………………………… 52

　3.3.1　起業家の行動 ……………………………………… 52

　3.3.2　銀行の行動 ………………………………………… 55

　3.3.3　労働者 ……………………………………………… 58

　3.3.4　市場均衡 …………………………………………… 59

3.4　銀行リスクテイキングの決定要因 ………………………… 59

3.5　非銀行金融と金融システムの脆弱性………………………… 62

3.6　結論 …………………………………………………………… 66

A　付録：均衡条件 ……………………………………………… 67

参考文献……………………………………………………………… 71

第1章 導入：銀行のリスクテイキング

1.1 はじめに

2000年代後半の世界的な金融危機以降，マクロ経済学の研究者や政策当局者の間では，金融機関に集中するリスクとそのマクロ変動への波及，金融規制に対する関心が急速に高まった．銀行はいかなる状況の時に過剰とも言えるリスクを取るようになるのか．銀行のリスクテイキングがマクロ経済変動に与える影響はどのようなものなのだろうか．本書では，これらの問題について理論的な考察を行う．

世界金融危機に先駆けて，日本は1980年代後半から1990年代にかけての資産バブルの生成とその崩壊を経験した．その際にも特に重要だったのは，金融機関のリスクテイキング行動であったと考えられる．当時は株価と地価の高騰が注目を浴びたが，特に地価の高騰の背後には積極的な銀行の貸し出しがあった．この事実を念頭に置き，本書では資産バブルへの投資という形での銀行のリスクテイキングに焦点を当てて分析を行う．

1.2 金融機関のリスク

モデル分析を始める前に，まず，銀行がどのような種類のリスクに晒されているかということを簡単に整理しておこう．銀行は金融仲介

機能を果たす上で，様々なリスクにさらされている．一般には，銀行をはじめとした金融機関が直面するリスクには，「信用リスク」，「市場リスク」，「流動性リスク」，「オペレーショナル・リスク」があると言われている[1].

　信用リスクは金融仲介に伴う一番代表的なリスクである．典型的には，貸出先が倒産したり財務状況が悪化したりすることで，本来支払われる利子や元本の返済が受けられなくなるリスクである．貸出でなくても，銀行が企業が発行した債券を保有する場合には，それらの資産価値が発行企業の財務状況に依存するので信用リスクが生じる．

　市場リスクは，金融市場の変動に伴うリスクである．例えば銀行が企業が発行している株式を保有している場合，株価の変動に伴ってその資産価値が変動する．株価が下落すれば銀行にとっては損失の発生を意味するために，株価の下落はリスクとなる．長期国債などを持っている場合には，金利の変動に伴い債券価格が変動する．これは金利リスクと呼ばれる．外国為替の変動は銀行の資産・負債の両面に影響を及ぼす．外国通貨建ての債券がある場合に日本円がその通貨に対して増価すると，それは日本円で評価した資産価値の毀損を意味する．新興国の場合，金融機関にとって重要なリスクはアメリカドルに対する自国の通貨価値の下落である．新興国の金融機関が海外から資金調達をする際にはドル建ての負債になることが多い．この場合に自国通貨がドルに対して減価すると，ドル建て負債の自国通貨価値が上昇するので銀行のバランスシートを毀損する．この効果はバランスシートの資産項目の多くが企業貸出などの自国通貨建て資産である場合により顕著となる．このドル建て負債による為替リスクは，新興国の急激な景気の落ち込みと資本流出，いわゆる「Sudden Stop」の主要因となっ

---

[1]銀行が直面するリスクとそれに対する政策対応の平易な解説としては，日本銀行金融研究所 (2011) 第 6 章を参照．本章における金融機関のリスクの分類もこれに沿っている．

てきた[2].

　流動性リスクは銀行の資産項目と負債項目の満期の不一致から生じる．典型的なものは，金融不安が起こったときの預金流出であろう．預金は銀行にとって負債項目の一つであるが，預金は速やかに引き出しや解約に応じる必要がある．その意味で，預金は短期負債であるということができる．また，資金調達を短期金融市場で行う場合にも負債項目の満期が短くなる．その一方で，資産側には迅速に換金できる性質のものではない満期の長いものが多い．企業貸出はその一例である．このような状況で金融機関に経営上の不安が生じると，預金が流出したり短期借入の借り換えが難しくなったりする．その一方で，預金の引き出しへの対応や短期借入の返済に必要な資金を融通するために，満期の長い貸出をすぐに回収することはできない．そのため，短期負債の返済に必要な資金を融通できなかったり，資金を調達できたとしても通常よりも高金利で調達しなければならなくなる．これが流動性リスクである．

　最後のオペレーショナル・リスクとは，事務ミス，システム障害，法令違反や自然災害に起因するリスクである．オペレーショナル・リスクは，上記の他のリスクとは多少性質が異なるものではあるが，金融機関の存亡に繋がることもあるので，実務上非常に重要である．オペレーショナル・リスクは，銀行のリスクテイキングのマクロ経済学的研究ではあまり焦点が当てられていないように窺える．マクロ経済学は従来銀行の融資活動とそのマクロ経済的な含意について研究の焦点を当ててきたので，オペレーショナル・リスクの原因となる自然災害やシステム障害などは融資行動とは直接関連していないとみなされていたからかも知れない．

　それに対して，信用リスク，市場リスク，流動性リスクの3種類の

---

[2]Sudden Stop に関しては Calvo (1998)，Sudden Stop を含めた最近の開放経済の金融危機に関する展望については Lorenzoni (2014) を参照.

リスクに関しては，その時の経済状況に応じて銀行がどのくらいのリスクを取るのか，取ったリスクは社会的な観点から見て過剰かどうか，という問題が研究されてきた．

1.2.1　銀行のリスクテイキングとシステミックリスク

　以上，個別銀行のリスクテイキングを簡単に整理してきたが，マクロ経済学で特に重要な問題として近年認識されているものは，いわゆる「システミックリスク」と呼ばれるものである．システミックリスクとは，金融システム全体が不全をきたし，実体経済に深刻な影響を与える可能性のある金融リスクのことである．Financial Stability Board (FSB) et al. (2009) はシステミックリスクを以下のように定義している．

> (The paper) defines systemic risk a risk of disruption to financial services that is (i) caused by an impairment of all or parts of the financial system and (ii) has the potential to have serious negative consequences for the real economy

個別銀行の健全性とは異なり，金融システム全体としての健全性を問題としている点が，システミックリスクという概念の特徴である．重要な特徴の一つに，それぞれの金融機関が健全であるならばシステミックリスクが存在しないということを必ずしも意味しない，ということが挙げられる．例えば，個別金融機関の行動が集計された結果として金融市場において金融資産の価格が変化すると，金融市場に存在する全ての金融機関に影響が及ぶ．また，多くの金融機関は金融市場において複雑な債権債務関係を結んでおり，それを通じて個別金融機関のリスクが他の金融機関に波及したりする．

1.2.2　資産バブルとシステミックリスク

本書では典型的なシステミックリスクの例として，資産バブルに対する投資・融資を考察する．第 2 章と 3 章では，銀行のリスクテイキング行動をバブル資産への投資という形でモデル化を行う．資産価格のファンダメンタルの変動を大きく超えた急激な上昇は「バブル」と呼ばれ，多くの大きな経済変動の事例の説明に使われてきた．日本の1980 年台後半の地価や株価の大きな変動を経験した時期は「バブル経済」と呼ばれているし，2000 年代米国の住宅価格の高騰もバブルと呼ばれることが多い．これらの事例においてはバブルの崩壊に伴い銀行が巨額の損失を被り，それによって急激な信用の収縮と深刻な経済不況が発生した．Reinhart and Rogoff (2008) が示しているように，金融部門の不全を伴う経済不況はそうでない不況よりも深刻になる傾向がある．

資産バブルと銀行のリスクテイキングをモデル化するために，本書では合理バブルの理論枠組みを用いる[3]．合理的バブルの理論は資産の転売可能性とそれに基づいた投機に分析の焦点を当てている．ある資産の価値がそのファンダメンタルを超えていたとしても，第三者に買い値よりも高い値段で転売できると思うならば，投機家は転売を目的にその資産を買う誘因を持つ．つまり，他人が買ってくれると予想する場合には，資産そのものの価値がなくても買うことが正当化される．「みんなが買うから私も買う」という状態である．これは資産バブルが発生している状況の一側面を的確に捉えていると言えよう．良く使われる例えであるが，合理的バブルの理論によれば資産バブルは「ポンジ・スキーム」のようなものである．ポンジ・スキームとは，後から参加する人から集めたお金を実際には投資をせずに先に参加した人に配当として渡してしまうという形態のことである．合理的バブルの議

---

[3]合理バブルの古典的な論文は Samuelson (1958) と Tirole (1985) である．

論はポンジ・スキームのようなバブルが存在するための条件を2つ提示している．1つ目はバブルは他の資産と同等かそれ以上の魅力がなければならないという条件である．つまり，バブルの収益率がその他の資産の利子率以上でなければならない．2つ目は，バブルは経済全体で買えないほど巨大にならない，という条件である．これは，国内貯蓄の全てを飲み込んでしまうようなバブルは存在し得ないということであり，バブルの収益率が最終的には国内総生産の成長率と同等かそれ以下でなければならない，という条件に等しい．後者の条件は言い換えると，国内利子率が十分に低いということを意味する．

　本書では近年の研究 (Caballero and Krishnamurthy (2006)，Kocherlakota (2009)，Ventura (2012)，Martin and Ventura (2012)，Farhi and Tirole (2012)) に従い，金融市場に存在する信用制約が合理的バブルの発生の原因となるモデルを展開する．金融市場に信用制約が存在して借手が十分に資金を借りられない状況は，貯蓄主体の側から見ると資金の運用先がないという状況である．その場合，貯蓄超過に従い均衡利子率が下落し，バブルが発生する可能性が生じる．

　合理バブルの理論によれば，バブルの存続は将来の「転売可能性」を人々がどのように予想するかということに依存する．後に高値で売り抜けることができると予想するから人々はバブル資産に投資をする．人々が，その資産を買ったとしても高値では売り抜けられないと予想した時点で，そのバブルは崩壊する．なぜならば，高値で売り抜けられない資産を買う誘因は人々にはないからである．資産価格に対する人々の期待の「協調」がバブルの発生と崩壊に重要な役割を果たす．その意味で，バブル資産価格が上がる時には多くの参加者がキャピタルゲインを享受し，バブルが崩壊する時には多くの参加者がキャピタルロスを被る．銀行がバブル資産に直接・間接に投資をしてそれが崩壊した場合には多くの銀行のバランスシートがほぼ同時に毀損する．資産価格の変動によって銀行が被るリスクは市場性リスクの一つである

が，資産価格バブルはそれが非常に広範囲の金融機関に影響を与えるという意味で，「システミックリスク」である．

　問題は，銀行はいかなる時にシステミックリスクの源泉となるようなバブル資産に投資をするのか，ということである．銀行は伝統的に貯蓄主体である家計から預金を集め，投資をする企業や住宅を買う家計に資金を融通する．通常は預金利子率よりも貸出利子率の方が高く，それらの差である「預貸スプレッド」が銀行の伝統的な収益の源泉である．預貸スプレッドが十分に高い場合には，銀行の伝統的な貸出業務から高い収益を上げることができるので，銀行はバブル資産への投資に魅力を感じないであろう．むしろ，低い預金利子率に直面している家計の方がバブル資産に投資をする誘因は強い，と考えるのが自然である．伝統的な貸出という収益源があるにもかかわらず銀行がバブルに投資をする誘因として，本書では，政府が金融機関に対して提供するセーフティネットと借手の資金調達手段の多様化を取り上げる．

　第 2 章では，企業と銀行が共に金融制約に服するモデルを構築し，資産バブルが発生する状況を記述する．基本モデルにおいては，資産バブルに投資をする主体は貯蓄主体であり，銀行はどちらかというと資産バブルに投資をほとんどしないことを示す．第 2 章では，銀行がバブルに投資をする誘因を持つ理由として政府のバブル崩壊後の銀行救済策を取り上げる．政府の事後的な救済策が銀行のモラルハザードを生むという議論は従来からなされてきた．第 2 章では，政府のセーフティネットが手厚くなると，本来ならば存続できないようなリスクの高いバブルも発生するようになるということを示す．

　第 3 章では，借手の資金調達手段の多様化が銀行のリスクテイキングに与える影響を分析する．取り上げるのは社債市場の発展とシャドーバンク部門の発展である．共に，銀行貸出とは異なる金融の形態であり，それらと銀行との競争は銀行の収益に影響を及ぼす．具体的には預貸スプレッドを下げることにより，銀行がバブル資産に投資をする

誘因を強くする．しかし，両者はマクロ経済に異なった影響を及ぼす．それは銀行部門のレバレッジの動きの違いに起因する．社債市場の発展が進むと銀行部門のレバレッジはどちらかというと縮小の方向に向かう．逆に，シャドーバンク部門の発展が進むと銀行部門のレバレッジは上がる．レバレッジが高い状態でバブルが崩壊すると，経済の収縮幅が大きくなる．このように，金融市場の構造変化は金融のリスクテイキングに大きな影響を及ぼすということを示す．

第2章　資産バブルと銀行のリスクテイキング

2.1　はじめに

　本章では，どの経済主体がバブル資産に投資するかという問題を分析する．特に興味があるのは，いかなる経済状況のもとで銀行がバブル資産に投資をするかということだ．この問題が重要な理由は，バブルに誰が投資をするかという問題が，経済全体の資産分布に影響を及ぼすからである．

　バブル資産はリスク資産である．つまりバブルが続く限りは所有者に高収益をもたらす一方，破裂してしまうと大きなキャピタルロスを生じさせる．よって，銀行がバブル資産に投資をすると，バブルが破裂しないうちは銀行の純資産が急激に成長し，破裂してしまうと純資産が大きく毀損する．銀行がバランスシート制約に直面している場合には，この純資産の大きな変動によって経済変動が大きくなる．バブルが破裂しないうちは，純資産の大きくなった銀行は積極的に融資を拡大するので，経済の投資も活発になる．バブルが破裂してしまうと，純資産が大きく毀損した銀行は急激に融資を縮小し，いわゆるクレジットクランチが生じる．それに対して，銀行以外の経済主体がバブル資産に投資した場合には，銀行などその他の経済主体に与える影響は限定的である．

　それでは，誰がバブル資産に投資をすることになるだろうか．本章のモデルにおいては，貯蓄主体が一番の候補者となる．その理由は，バ

ブル資産に投資をする際の機会費用にある．貯蓄者の機会費用は預金
利子率である一方，銀行の機会費用は貸出利子率である．一般に貸出
利子率の方が預金利子率よりも高いので，普通の貯蓄主体の方が銀行
よりもバブル資産に投資をする誘因が高い．

　銀行がバブル資産に投資する誘因として本章で分析するのは，政府
が銀行に対して提供する「セーフティ・ネット」である．セーフティ・
ネットは，現実には様々な形態を取っている．典型的なものは，金融
危機が訪れそうなときに行う銀行に対する資本注入であろう．預金保
険は，必ずしも政府が税金を使うとは限らないが，やはり銀行パニッ
クを避けるためのセーフティ・ネットの一種である．もちろん，これ
らのセーフティ・ネットは銀行と金融市場を安定化させるための政策
枠組みである．しかし，政府の銀行救済が予期されると，銀行のリス
クテイキングが誘発されるということを示す．

　本章で得られる結論は金融危機の実証的事実とも整合的である．Jorda
et al. (2012) によれば，金融危機が起こる前の景気拡大期には利子率が
非常に低い傾向がある．さらに，理論モデルによれば，銀行がリスクテ
イクをするバブル期には利子率の預貸スプレッドが低い傾向があるが，
それも実証事実と整合的である．例えば Gilchrist and Zakrajsek (2012)
は，債権のリスクプレミアムは銀行の財務状況に強く依存していると
いうことを示している．

　また，Claessens et al. (2011) によれば，株式バブルの生成と崩壊に比
べると住宅バブルの生成と崩壊の方が，経済変動の振幅が大きい．こ
れは我々のモデルでは，住宅ローンは銀行が供給するために，銀行が
直面するリスクが大きくなるからであると解釈できる．

2.2　理論モデル

　理論モデルは Aoki and Nikolov (2015a) を簡略化し，第 3 章の分析と
整合的にしたものを用いる．モデル経済には，起業家，労働者と銀行
家が存在する．さらに，政府部門は資産バブルが崩壊した際に，起業
家に課税して銀行を救済する役割を担う．このモデルにおけるバブル
とは，ファンダメンタル価値がゼロであるにもかかわらず経済主体が
転売によるキャピタルゲインを期待して保有する資産である．

2.2.1　起業家

　起業家部門は Kiyotaki (1998) に依拠している．起業家は労働者を雇
い生産を行う．生産には 1 期かかると仮定するので，生産関数は

$$y_{t+1} = a_t^i h_t \tag{2.1}$$

で与えられる．ここで h_t は t 期の労働投入，y_{t+1} は $t+1$ 期に得られ
る生産物である．また，a_t^i は起業家 i の生産性である．

　各期において，ある一定数の起業家は生産性が高く ($a_t^i = a^H$)，残り
の起業家は生産性が低い ($a_t^i = a^L < a^H$) と仮定する．さらに起業家の
生産性は確率的に変化すると仮定する．具体的には今期生産性が高い
起業家は次期には確率 δ で生産性が低くなり，生産性が低い起業家は
次期に確率 $n\delta$ で生産性が高い状態に移る．この確率は時間を通して，
また起業家の間でも独立であるとする．その仮定の結果，経済には毎
期 $n/(1+n)$ の割合の起業家が生産性が高い状態にあることになる．生
産性が変化する確率はそれほど大きくないという以下の仮定も置く．

$$\delta + n\delta < 1 \tag{2.2}$$

これは各起業家の生産性が持続的であることを仮定している．つまり，
一度生産性が高くなると，ある程度の期間は生産性が高い状態が続く

という意味である.

　起業家は事前には同一であり，効用関数は以下で与えられる.

$$U^E = E_0 \sum_{t=0}^{\infty} \beta^t \ln c_t \tag{2.3}$$

ここで，β は時間割引率であり $0 < \beta < 1$ を満たす．c_t は消費である．起業家は毎期，消費決定とともに，貯蓄・投資決定も行う．貯蓄手段としては銀行預金 b_t の他にバブル資産 m_t を購入する．バブル資産の価格を μ_t としよう．さらに生産を行うために労働 h_t を雇用する．賃金を w_t とすれば，労働費用は $w_t h_t$ である．よって，起業家の予算制約は以下の式で与えられる.

$$c_t + w_t h_t + m_t^e \mu_t - b_t = (1 - \tau_t) \left(a^i h_{t-1} - R_{t-1}^i b_{t-1} + m_{t-1}^e \mu_t \right) \equiv (1 - \tau_t) z_t \tag{2.4}$$

ここで，z_t は起業家の純資産を表す．R_t^i は利子率であり，この起業家が借りている場合には R_t^l，銀行に預金をしている場合には R_t^d となる．

　このモデルでは，借手のコミットメント問題を仮定する．つまり，借手は，借りた資金を返済するコミットメントを必ずしもすることができず，貸手も，借手に返済を強要することができない状態を考察する．ただし，借手が返済を拒否した場合には，貸手は借手の資産の θ の割合を差し押さえることが可能であると仮定する．これは担保制約の単純な形態である．このモデルにおける起業家の資産とは，生産物とバブルである．すると担保制約は

$$R_t^l b_t \leqslant \theta E_t \left(y_{t+1} + m_t^e \mu_{t+1} \right) \quad 0 < \theta < 1 \tag{2.5}$$

で与えられる．起業家は効用関数 (2.3) を (2.4) 式と (2.5) 式の制約のもとで最大化する.

2.2.2 銀行

このモデルにおいては，全ての貸し借りは銀行を通じてなされると仮定する．銀行家はリスク中立的であり，確率 $1-\gamma$ で退出をすると仮定する[1]．退出する際には，その期に残存している全ての純資産を消費する．

銀行家が最大化する目的関数は以下のものである．

$$U^B = E_0 \sum_{t=0}^{\infty} (\beta\gamma)^t c_t^b \tag{2.6}$$

β は時間割引率，γ はこの銀行家が毎期退出をしないで存続をする確率である．c_t^b は銀行家の消費を表す．t における銀行の純資産を n_t で表す．各期，銀行家は預金 d_t を集める．純資産と預金を用いて，銀行家は貸出 b_t を行い，バブル資産の購入 $(\mu_t m_t^b)$ を行う．ここで m_t^b は銀行家のバブル資産購入額である．すると銀行家のバランスシート式は

$$c_t^b + b_t + \mu_t m_t^b = n_t + d_t \tag{2.7}$$

で与えられる．純資産の遷移式は以下の通りである．まず，バブルが崩壊しない場合には

$$n_{t+1} = R_t^l b_t + \mu_{t+1} m_t^b - R_t^d d_t \tag{2.8}$$

であり，バブルが崩壊した場合には

$$n_{t+1} = R_t^l b_t + \rho_{t+1} \mu_t m_t^b - R_t^d d_t \tag{2.9}$$

で与えられる．ここで ρ_{t+1} は，政府の銀行部門に対して供給する「セーフティ・ネット」を表す．銀行が t 期にバブル資産を $\mu_t m_t^b$ だけ購入し

---

[1]銀行家の人口を一定に保つために，毎期同じ割合の新しい銀行家が参入すると仮定する．また，新規銀行家は参入時に少量の純資産を持っていると仮定しておく．この少量の純資産は後の分析には大きな影響を与えないために，以下でも明示的にはモデル化しない．

て，$t+1$ 期にバブルが崩壊し価値がゼロになった場合，本来ならば銀行の損失は $\mu_t m_t^b$ である．政府は，その損失の ρ_{t+1} の割合に相当する分の資金を移転すると仮定している．すると，バブル崩壊時の政府から銀行への資金の移転は $\rho_{t+1}\mu_t m_t^b$ である．第 2.1 節で述べたとおり，現実のセーフティー・ネットの典型例としては，銀行危機が起こった場合に発動される銀行資本注入がある．他に，多くの銀行が保有している資産の値崩れを防ぐために，政府・中央銀行がその資産市場に介入することもある．例えば，2009 年の世界金融危機の時にアメリカ連邦準備銀行が住宅担保証券を買う政策を行った．いずれの形の銀行救済も，政府部門から銀行部門への直接・間接的な資金の移転という形をとる．以下では，それらをまとめて「銀行救済策」と呼び，その救済策の手厚さの程度をパラメータ ρ で表す．

次に，銀行が直面する借入制約の仮定を説明する．Gertler and Karadi (2011) に従い，このモデルでは銀行もコミットメント欠如の問題に直面している．具体的には，銀行家は預金の $1-\lambda$ の割合を私的に流用できると仮定する．私的流用をした場合には，銀行家は銀行業から退出する．流用が発生した場合には，預金者は残りの λ の割合の預金を回収する．預金者は，銀行家が私的流用をする誘因を持つことを認識しているために，私的流用が起こらないように預金量に上限を設ける．具体的には，以下の不等式を満たす水準までしか預金をしない．

$$(1-\lambda)d_t \leqslant V(n_t) \tag{2.10}$$

(2.10) 式の左辺は，銀行家が預金を私的流用した場合の価値，右辺は，銀行家が流用をせずに銀行業を存続させた時の価値を表しており，具体的には

$$V(n_t) = \max_{\{c_{t+j}^b, b_{t+j}, d_{t+j}, m_{t+j}^b\}_{j=0}^\infty} E_t \sum_{j=0}^\infty (\beta\gamma)^j c_{t+j}^b$$

で与えられる．つまり銀行業を継続した場合の期待効用である．直観的には (2.10) 式は，あまりに多額の預金をすると銀行家の私的流用の誘因が高くなるために，その誘因がなくなる程度にしか預金をしない，という制約を表している．これは起業家の担保制約と似た役割を話している．起業家の場合には，倒産をしたときに失うものは担保である．それと似たように，銀行家の場合には，私的流用をして銀行業から退出したときに失うものは銀行業の価値 $V(n_t)$ である．その意味で，$V(n_t)$ は銀行の「フランチャイズ・バリュー」と呼ばれる．銀行家は (2.6) 式を (2.7)，(2.8)，(2.9)，(2.10) 式の制約のもとで最大化を行う．

2.2.3 労働者

労働者は投資機会を持たず，また担保になるような資産を保有していない．効用関数は

$$U^w = E_0 \sum_{t=0}^{\infty} \beta^t \left(c_t^w - \frac{h_t^{1+\eta}}{1+\eta} \right) \tag{2.11}$$

で与えられる．ここで，c_t^w は労働者の消費額である．以下，諸変数の定義は他の経済主体の変数と同一であり，上付きの「w」がついている変数は労働者の変数であることを意味している．予算制約は

$$c_t^w + m_t^w \mu_t - b_t^w = w_t h_t + m_{t-1}^w \mu_t - R_{t-1}^d b_{t-1}^w \tag{2.12}$$

である．

2.2.4 政府

分析の焦点を，政府の銀行に提供するセーフティ・ネットに絞るために，政府の役割は銀行救済のみをモデル化する．バブルが崩壊したときには，政府は銀行を救済するために起業家に課税をする．均衡予算を仮定し，国債の発行はしない．バブルが破裂しない場合には課税

16

額もゼロであると仮定する.

2.3　均衡

Weil (1987) に従い，確率的に崩壊するバブルを仮定する．具体的には，毎期確率 $1-\pi$ でバブルが崩壊し，崩壊したときにはバブル資産価格はゼロになると仮定する．この崩壊確率は毎期一定である．また，分析を簡単にするために，バブルが崩壊した後には再びバブルが生成することはないと仮定しておく．

　均衡においては，高生産性起業家が投資主体となり，低生産性起業家が貯蓄主体となって銀行に預金をする．ここでは，高生産性起業家の借入制約が等号で成り立つ均衡に分析の焦点を当てる[2].

2.3.1　起業家の行動

　起業家の効用関数が対数型であるために，純資産に対する消費の割合は $1-\beta$ で一定となる[3]. 起業家の純資産を z とすると，消費は

$$c_t = (1-\beta)z_t \tag{2.13}$$

で与えられる．

　起業家は純資産を運用する複数の手段を持つ．まず第 1 は，銀行に預金することである．その場合の税引き後の収益率は $(1-\tau_{t+1})R_t^d$ である．

　第 2 は，自分の純資産を使って労働を雇い生産をすることである．財価格を 1 に正規化しているので，1 単位の純資産を使って雇える雇用量は $1/w_t$ であり，1 単位の労働を雇うことによって次期に得られる生

---

[2]この均衡は借入制約パラメータ θ が十分に小さいときに現れる．Aoki et al. (2009) を参照．

[3]例えば Sargent (1987) を参照．

産量は a_t である. よって 1 単位の純資産を使って生産を行うことの収益率は $\frac{a_t}{w_t}$ である. 税引き後の収益率は $(1-\tau_{t+1})\frac{a_t}{w_t}$ である.

第 3 は, 自分の純資産に加えて借入を行って生産を行うことである. 借入制約 (2.5) の上限まで借りた場合の収益率は

$$(1-\tau_{t+1})\frac{a_t(1-\theta)}{w_t - \theta a_t/R_t^l} \tag{2.14}$$

である. 起業家は, 労働を 1 単位雇うときに $\theta a_t/R_t^l$ だけの借入を行うことができる. よって労働を 1 単位雇うために必要な内部資金は (2.14) 式の分母である. 分子は, 来期 a_t 単位の財を生産するが, そのうち θ の割合は債務返済のために使うということを意味している.

最後に, 起業家はバブル資産に投資をすることができる. バブル資産に投資をした場合の収益率は $(1-\tau_{t+1})\tilde{\mu}_{t+1}^e/\mu_t$ である. ここで, $\tilde{\mu}_{t+1}^e$ は次期のバブル資産の価格であり, バブルが崩壊した時にはその価格はゼロとなる.

次に低生産性起業家の行動を記述しよう. 均衡において, 低生産起業家は貯蓄主体として銀行に預金する. 銀行預金の他に, 借入なしの生産とバブル資産の購入という 2 つの貯蓄手段がある. 生産と銀行預金にはリスクがないので,

$$R_t^d > \frac{a^L}{w_t} \tag{2.15}$$

が成り立っている時には, 低生産性起業家は生産を行わない. しかし, 信用制約が厳しい場合には, 高生産性起業家の投資が全ての国内貯蓄を吸収できない. その場合には, 低生産起業家が生産を行う水準まで均衡利子率が下落し

$$R_t^d = \frac{a^L}{w_t} \tag{2.16}$$

が成り立つ. この場合には低生産性起業家は, 銀行預金を行うととも
に生産も行う.

バブル資産は危険資産であるので, 投資にはリスクが伴う. 低生産
性起業家がバブル資産への投資と銀行預金の双方を行う場合には, 無
裁定条件

$$E_t \left[\frac{1}{c_{t+1}^L}(1-\tau_{t+1})\frac{\tilde{\mu}_{t+1}^e}{\mu_t} \right] = E_t \left[\frac{1}{c_{t+1}^L}(1-\tau_{t+1}) \right] R_t^d \qquad (2.17)$$

が成立する. ここで, $1/c_{t+1}^L$ は低生産性起業家の次期の消費の限界効
用であり, 資産のプライシングカーネルとなる[4]. (2.17) 式の $\tilde{\mu}_{t+1}^e$ は
バブルの収益率であり

$$\tilde{\mu}_{t+1}^e = \begin{cases} \mu_{t+1} & (\text{確率 } \pi) \\ 0 & (\text{確率 } 1-\pi) \end{cases} \qquad (2.18)$$

を満たす. ここで, μ_{t+1} はバブルが次期に崩壊しなかった場合の資産
価格である. (2.17) 式における期待値演算子は, バブルが崩壊する確
率について期待値をとっている. 分析を簡単にするために, いったん
バブルが崩壊するとその後バブルが再発生しないと仮定している. モ
デルの中の経済主体はそのことも理解して行動している.

高生産性起業家は収益率が高いので借手となる. (2.14) 式より, こ
の起業家の生産の収益率 a^H/w_t が借入利子率 R_t^l よりも高い場合には,
借入制約が等号で成り立ち, レバレッジをかけた投資の収益率は

$$(1-\tau_{t+1})\frac{a^H(1-\theta)}{w_t-\theta a^H/R_t^l} > \frac{a^H}{w_t} > R_t^l \qquad (2.19)$$

---

[4]低生産起業家の次期の消費は

$$c_{t+1}^L = (1-\beta)Z_{t+1}^L$$

であり, Z_{t+1}^L は t 期に生産性が低かった起業家の次期の純資産である. 純資産の遷移式
については後の導出する (2.37) 式で与えられる.

となる. 高生産性起業家はバブル資産を買う機会はあるものの, そうする誘因を持たない. 貯蓄主体である低生産性起業家の無裁定条件により, 均衡におけるバブル資産の収益率は預金利子率に近くなる. よって, バブル資産の収益率よりもレバレッジをかけた自分の投資収益率の方が高いので, バブル資産を持つことは高生産性起業家にとって魅力的なものではない. さらに, $\theta < 1$ であるので, バブル資産を購入してそれを担保にすることも魅力的な選択肢ではない. それよりも自分の貯蓄は直接生産に回した方が高い収益率が得られるからである.

以上により, 高生産性起業家は借入を行って生産を行うことが最適となり, その場合の自分の純資産に対する収益率 $(r(a^H))$ は

$$r(a^H) = (1 - \tau_{t+1}) \frac{a^H (1 - \theta)}{w_t - \theta a^H / R_t^l} \geqq R_t^l \tag{2.20}$$

で与えられる. (2.4)式と (2.5)式より, 高生産性起業家の投資 (雇用) は

$$h_t = \frac{\beta z_t}{w_t - a^H \theta / R_t^l} \tag{2.21}$$

である. 右辺の分子はこの起業家の貯蓄を表す.

2.3.2　銀行の行動

銀行の価値評価関数は

$$V(n_t) = \max_{c_t^b, d_t, b_t, m_t} \left\{ c_t^b + \beta E_t \left[\gamma V(n_{t+1}) + (1 - \gamma) n_{t+1} \right] \right\} \tag{2.22}$$

で与えられる. ここで $V(n_t)$ は銀行資本が n_t である銀行の価値である. 右辺第 1 項 (c_t^b) は今期の消費量である. 第 2 項の $V(n_{t+1})$ は次期に銀行として存続することの価値を表している. 銀行が存続する確率は γ である. 確率 $1 - \gamma$ で銀行は退出するが, その時には銀行資本 n_{t+1} 全てを消費する. これらのことは次期に起こるので, 割引率 β で割引

かれている.

　銀行家はリスク中立的であると仮定しているので，銀行の価値関数は銀行資本 n_t について線型であり，以下の式で与えられる.

$$V(n_t) = \phi_t n_t \qquad (2.23)$$

$R_t^l > R_t^d$ が成り立つ場合には預貸スプレッドが正であるので，銀行はなるべく預金を集めて貸出を増やしたい．よって，銀行家の借入制約 (2.10) 式が等号で成り立つまで預金を集め，かつ，銀行資本を消費せずに全て銀行業に使う方が良い．借入制約が等号で成り立つ場合には預金は

$$d_t = \frac{\phi_t}{1-\lambda} n_t \qquad (2.24)$$

で与えられる．$\phi_t/(1-\lambda)$ は銀行のレバレッジと解釈できる.

　銀行家の，バブル資産と貸出の無裁定条件は

$$E_t \left[(1-\gamma+\gamma\phi_{t+1}) \frac{\tilde{\mu}_{t+1}^b}{\mu_t} \right] \le E_t \left[(1-\gamma+\gamma\phi_{t+1}) \right] R_t^l \qquad (2.25)$$

である．ここで，$\tilde{\mu}_{t+1}^b$ は銀行にとってのバブル資産の収益率であり，

$$\tilde{\mu}_{t+1}^b = \begin{cases} \mu_{t+1} & （\text{確率 } \pi） \\ \rho_{t+1}\mu_t & （\text{確率 } 1-\pi） \end{cases} \qquad (2.26)$$

で与えられる．バブルが崩壊した時には，政府が銀行救済策を講じるために，銀行は自分が投資したバブル資産の ρ_{t+1} の割合を政府から受け取ることができることに注意されたい．これは資本注入とも解釈できるし，預金保険とも解釈できる.

　銀行の資産ポートフォリオを決定する (2.25) 式は，起業家の無裁定

条件 (2.17) 式と 2 つの点で異なる．1 つは，リスクに対するプライシング・カーネルが異なる[5]．プライシング・カーネルの違いについては，第 3 章で詳しく論じる．もう 1 つの違いは，バブルが崩壊した時に銀行は政府による救済が行われるが，起業家に対してはそのような救済策が講じられないということである．

(2.25) 式が不等号で成り立つ場合には，銀行はバブル資産に投資しない ($m_t^b = 0$)．逆に，銀行がバブル資産に投資をしている場合には，(2.25) 式が等号で成り立たなければならない．(2.23)，(2.24)，(2.25) 式を (2.22) 式に代入することにより，ϕ_t は

$$\phi_t = \frac{\beta E_t \left[1 - \gamma + \gamma \phi_{t+1}\right] R_t^l}{1 - \beta E_t \left[1 - \gamma + \gamma \phi_{t+1}\right] \frac{R_t^l - R_t^d}{1 - \lambda}} \tag{2.27}$$

と表すことができる．

この式が銀行のレバレッジを決める．分子は貸出からの収益の価値，分母は 1 単位の貸出をするために必要な銀行自己資本の量を表している．1 単位の貸出をする際には銀行資本に加えて預金を調達することができる．調達可能な預金の量が $\beta E_t \left[(1 - \gamma) + \gamma E_t \phi_{t+1}\right] \frac{R_t^l - R_t^d}{1 - \lambda}$ である．(2.27) 式は，銀行のレバレッジは預貸スプレッド $R_t^l - R_t^d$ の増加関数であることも示している．

2.3.3　労働者

労働者は生産技術を持たないために，借入の際に必要な担保を持つことができない．よって労働者は借り入れることができない．預金については，

$$R_t^d \geqslant \beta^{-1} \tag{2.28}$$

---

[5] 起業家の効用関数は対数型であり，銀行家の効用関数は線形であると仮定したことによる．

が成り立つ場合には預金をする誘因を持つ. しかし (2.28) 式が成り立たない場合には, 労働者は毎期全ての所得を消費しようとする. このモデルの均衡においては $R_t^d < \beta^{-1}$ が成り立つので, 労働者は貯蓄をせず, 毎期労働所得を全て消費するという行動をとる. 労働者の労働供給 h_t^s は

$$h_t^s = w_t^\eta \tag{2.29}$$

で与えられる.

2.3.4 市場均衡

バブル資産の総供給量を 1 で一定であると仮定しよう. するとバブル資産の市場均衡条件は

$$m_t^e + m_t^b = 1 \tag{2.30}$$

である. ここで m_t^e と m_t^b はそれぞれ低生産性起業家と銀行のバブル資産保有量である.

Z_t^H と Z_t^L をそれぞれ高生産性起業家と低生産性起業家の純資産とする. (2.21) 式より高生産性起業家の雇用量は

$$H_t^H = \frac{\beta Z_t^H}{w_t - \theta a^H / R_t^l} \tag{2.31}$$

である. (2.15) 式が成り立つ場合には, 低生産性起業家は預金と自己生産, さらにバブル投資の間で無差別となる. よって, 雇用量は

$$w_t H_t^L = \beta Z_t^L - D_t - m_t^e \mu_t \tag{2.32}$$

で与えられる. ここで D_t は総預金量を表す.

次に銀行の均衡条件の記述に移る. 銀行の借入制約が等号で成り立

つ時，

$$D_t = \frac{\phi_t}{(1-\lambda)} \gamma N_t \tag{2.33}$$

を満たさなければならない．毎期 $1-\gamma$ の割合の銀行が退出するので，t 期における経済全体の銀行総資本は γN_t で与えられる．経済全体の銀行のバランスシートは

$$D_t + \gamma N_t = B_t + m_t^b \mu_t \tag{2.34}$$

である．ここで，B_t は経済全体の貸出量であり，

$$B_t = w_t H_t^H - \beta Z_t^H \tag{2.35}$$

を満たす．

次に起業家と銀行の純資産の遷移式の導出をする．低生産性起業家は次期には確率 $n\delta$ で生産性が高くなり，その一方で高生産性起業家は確率 $1-\delta$ で生産性が高いままであると仮定している．それぞれの起業家の収益率は (2.15) 式と (2.20) 式である．よって，(2.13) 式と (2.20) 式を使うことにより，高生産性起業家の純資産の遷移式は

$$Z_{t+1}^H = (1-\tau_{t+1}) \left\{ (1-\delta) \frac{a^H(1-\theta)}{w_t - \theta a^H / R_t^l} \beta Z_t^H \right.$$
$$\left. + n\delta \left[R_t^d \left(\beta Z_t^L - m_t^e \mu_t \right) + m_t^e \tilde{\mu}_{t+1}^e \right] \right\} \tag{2.36}$$

と表すことができる．ここでは，$\tilde{\mu}_{t+1}^e$ は確率 π で $\mu_{t+1} > 0$ に等しくなることに注意されたい．確率 $1-\pi$ でバブル資産価格はゼロであり，その時には $\tau_{t+1} > 0$ となる．同様に，低生産性起業家の純資産の遷移

式は

$$Z_{t+1}^L = (1-\tau_{t+1})\left\{\delta\frac{a^H(1-\theta)}{w_t - \theta a^H/R_t^l}\beta Z_t^H \right.$$

$$\left. +(1-n\delta)\left[R_t^d\left(\beta Z_t^L - m_t^e\mu_t\right)+m_t^e\tilde{\mu}_{t+1}^e\right]\right\} \quad (2.37)$$

で与えられる.

生産を集計することで，経済の総生産量は

$$Y_t = a^H H_{t-1}^H + a^L H_{t-1}^L \quad (2.38)$$

で与えられる．経済全体の銀行資本の遷移式は

$$N_{t+1} = \gamma\left[R_t^l B_t + m_t^b\tilde{\mu}_{t+1}^b - R_t^d D_t\right] \quad (2.39)$$

である.

政府が銀行救済をする際には均衡財政の下で行うと仮定するので，

$$\tau_{t+1}(Z_{t+1}^H + Z_{t+1}^L) = \rho_{t+1}m_t^b\mu_t \quad (2.40)$$

が成り立たなければならない．ここで，$m_t^b\mu_t$ は t 期の銀行部門のバブル資産の保有量である．バブルが崩壊しない場合には救済策も行わず課税も行わない.

財市場均衡条件（貯蓄と投資の均等）は

$$\beta(Z_t^H + Z_t^L) + \gamma N_t = w_t(H_t^H + H_t^L) + \mu_t \quad (2.41)$$

である．(2.29) 式より，労働市場均衡条件は

$$w_t^\eta = H_t^H + H_t^L \quad (2.42)$$

である.

要約すると，(2.16) 式，(2.17) 式，(2.25) 式，(2.27) 式，(2.30)–(2.42)

の式で以下の 16 変数 R_t^d, R_t^l, w_t, H_t^H, H_t^L, Y_t, ϕ_t, D_t, B_t, Z_{t+1}^H, Z_{t+1}^L, N_{t+1}, μ_t, m_t^e, m_t^b, τ_t が 3 つの状態変数 Z_t^H, Z_t^L, N_t の関数として決定される[6].

2.4 パラメータの設定

モデルの均衡を分析するために数値計算を行う. モデルには 8 つのパラメータ η, a^H, a^L, δ, n, θ, γ, β, λ がある. 労働供給の賃金弾力性は, 既存のマクロ経済モデルに倣い $\eta = 5$ と設定した. a^H と a^L の比率は Aoki et al. (2009) に倣い $a^H / a^L = 1.1$ と設定した.

残りの 6 つのパラメータは, モデルの定常状態が以下の 7 つの変数のアメリカにおける平均値に近くなるように設定した. それらは, (1) 実質貸出利子率から実質 GDP 成長率と金融仲介費用を除したもの, (2) 実質預金利子率から実質 GDP 成長率を除したもの, (3) 商業銀行のレバレッジ, (4) 企業の平均レバレッジ, (5) レバレッジの高い企業群の平均レバレッジ, (6) 銀行資本に対する収益率, (7)M2 と GDP の比率, である. パラメータ設定に使う元データは表 A1 に記載した. (1) と (2) については少し説明が必要である. モデルでは経済成長と金融仲介費用を捨象している. アメリカの経済成長率は第 2 次世界大戦後には大体平均 3% 程度である. アメリカ経済における貯蓄主体と銀行が「動学的非効率」な状態, つまり, 経済成長率よりも利子率が低い状態に置かれているかどうかということが, バブルの発生にとって重要であるために, 貸出利子率と預金利子率の双方から経済成長率を除している. さらに, 銀行部門が動学的非効率な状態に置かれているかどうかは, 金融仲介費用も考慮に入れなければならない.

---

[6]モデルは 17 本の式から構成されるが, ワルラスの法則より, そのうちの 1 本はたのしきが満たされれば自動的に満たされる.

これらの変数の平均値をモデルが当てられるように設定したパラメータは，表 2.1 に記載されている．

表 2.1　モデルとデータの平均

変数 (モデルの概念)	データ	モデル
預金利子率 - 実質 GDP 成長率 (R^d)	0.950	0.971
貸出利子率 - 実質 GDP 成長率 - 仲介費用/銀行資産 (R^l)	0.982	0.982
M2/GDP 比率 (D/Y)	0.500	0.464
銀行レバレッジ (D/N)	10.00	10.00
企業レバレッジ (L/Z)	0.500	0.530
借入を行っている企業のレバレッジ ($L/(sZ)$)	2.000	2.000
銀行 ROE ($R_t^l + \frac{\phi_t\left(R_t^l - R_t^d\right)}{(1-\lambda)}$)	1.100	1.103

選んだパラメータは表 2.2 に記載されている．

表 2.2　パラメータ設定

パラメータ	δ	n	a^H/a^L	η	θ	λ	γ	β
値	0.167	0.011	1.100	5.000	0.622	0.788	0.907	0.958

$\delta = 0.167$ という値は，起業家の生産性が高い状態が平均的に 6 年持続することを意味している．$n = 0.011$ という値は，高生産性起業家の割合が低生産性起業家の 1.1％であることを意味している．$\gamma = 0.907$ という値は，銀行業の平均的な持続年数が 10.7 年であることを意味している．

2.5　バブル均衡の性質

この節ではバブル均衡の性質を分析する．特に焦点を当てるのは，銀行が，いつバブル資産投資というリスクテイキングを行うか，である．

さらに，銀行がバブル資産に投資した場合とそうでない場合の経済変動の違いについても分析する．

2.5.1 銀行のリスクテイキング

　バブル資産に投資をする可能性のある経済主体は，低生産性起業家と銀行である．銀行がいつバブル資産への投資をするかという事は，本章の主要分析対象である．ここでは，バブル資産投資に影響を与える2つの要素について分析を行う．1つはバブル資産のリスク，もう1つは政府の銀行救済政策である．バブル資産のリスクはその崩壊確率 $1-\pi$ で表され，銀行救済政策の度合いは ρ で表されている．ρ が大きいという事は，バブルが崩壊した時に銀行が被る損失の大きな割合を政府が補填するということを意味している．本節では，モデルの確率的定常状態 (stochastic steady state) を分析する．確率的定常状態とは，バブルが存在しつつ全ての経済変数が一定である状態である．そこでは，経済主体は，バブルが確率 $1-\pi$ で崩壊する可能性があることを織り込んで，資産ポートフォリオを決定している．

政府の銀行救済政策がない場合 ($\rho = 0$)

　まず，政府の救済策がない場合の銀行のリスクテイキングについて分析する．表 2.3 は資産バブル全体に対する銀行保有分のシェアを掲載している．この表では，バブルの生存確率 (π) を変化させた場合に，

表 2.3 確率的定常状態における銀行のバブル保有

	$\pi = 0.965$	$\pi = 0.975$	$\pi = 0.985$	$\pi = 0.995$
バブルにおける銀行シェア	-	0.000	0.016	0.000
バブル資産の国内資産比率	-	0.118	0.317	0.403
バブル期待収益率 − 貸出利子率	-	−0.007	0.001	−0.004
バブル期待収益率 − 預金利子率	-	0.005	0.012	0.006
$\phi^b_{t+1}/\phi^s_{t+1}$	-	0.984	1.060	0.987

銀行の保有分シェアがどのように変化するかということを計算している．まず，$\pi = 0.965$ の列は，「-」の記号が全ての行についているが，それは，崩壊確率が毎期 3.5％のバブルは，リスクが高過ぎて存在し得ないということを示している．リスクが高いバブルは，そのリスクに見合う高収益率が必要であるが，そのような高収益率のバブルは定常均衡では存在し得ない．仮にそのように高い収益率のバブルが存在したとすると，バブルはやがて国内総貯蓄全てを上回るまでに成長してしまい，経済全体で支えきれなくなる．つまりそのようなバブルは持続不可能になる．経済全体で買い支える事ができなくなる事態が将来的に起こることを見越した経済主体は，最初からそのバブル資産に投資しようとしない．

　他の π の値の場合にはバブルが発生するが，銀行はほとんどバブル資産に投資をしないことを，表 2.3 は示している．$\pi = 0.975$ と $\pi = 0.995$ の場合は，銀行はバブル資産に投資を全くしない．$\pi = 0.985$ の場合にも銀行のシェアはわずか 1.6％に過ぎない．銀行がバブル資産に投資しない理由は預貸スプレッドにある．銀行の借入制約が等号で成り立っている場合には預貸スプレッドは正の値をとる．つまり，預金利子率に比べて貸出利子率が高い．預金利子率が貯蓄主体にとってのバブル資産保有に対する機会費用である一方，銀行にとっての機会費用は貸出利子率である．貸出利子率よりも預金利子率が低い場合には，貯蓄主体の方がバブル資産に投資をする誘因がより強い．銀行はどちらかというと伝統的な貸出業務に専念する誘因が強くなる．実際，$\pi = 0.975$ と $\pi = 0.995$ の場合には，貸出利子率の方がバブル資産の期待収益率よりも高いことを表 2.3 は示している．よって，銀行はバブル資産に投資をする誘因が全くない．

　その一方，貯蓄主体となっている低生産性起業家は危険回避的であ

るために[7], バブルの収益率にリスクプレミアムがない限りは, 崩壊確率が正であるバブル資産を購入しない. $\pi = 0.985$ の場合には, 預金利子率に対するバブル収益率のリスクプレミアムが 1.2pp であり, そのことにより, バブル資産収益率が貸出利子率よりも高くなっている. この場合には, 銀行もバブル資産に投資する誘因が発生する. しかし, この場合においても銀行はバブル資産をほとんど保有しない. 銀行はリスク中立的であるにもかかわらず, バブル資産を保有する誘因がほとんどないのはなぜであろうか. それは, (2.25) 式を見るとわかる. (2.25)式は銀行のプライシング・カーネルが $1 - \gamma + \gamma\phi_{t+1}$ で与えられ, 時間を通じて変化するということを示している. さらに, (2.27) 式によれば, 預貸スプレッド $R_{t+1}^l - R_{t+1}^d$ が増大した時に ϕ_{t+1} も増大することがわかる. 銀行の信用制約が等号で成り立つ状況で預貸スプレッドが変化すると, 銀行はあたかも危険回避的に行動する. Gertler and Karadi (2011) と同様, 銀行資本が少ない時には預貸スプレッドが大きい. よって, バブルが崩壊する状態において銀行資本の限界価値が高いことになる. この事実は表 2.3 の最後の行に表されている. $\pi = 0.985$ では銀行がバブル資産を保有しているが, その時の ϕ は, バブルが崩壊するとき (ϕ_{t+1}^b) の方がバブルが崩壊しないとき (ϕ_{t+1}^s) よりも高い. この結果, 銀行はバブルが崩壊する場合においても銀行資本の水準を保とうとする. つまり, バブル資産にはあまり投資をしないということになる. このメカニズムについては, 第 3 章においてより詳細に分析する.

銀行救済政策がある場合 ($\rho > 0$)

前節では, 政府の銀行救済策が見込めない場合には, 銀行は伝統的な貸出業務に専念しバブル資産に投資をしないことを示した. この節では, 政府の銀行救済策が銀行のリスクテイキングに与える影響を分析する. 具体的には, 救済の程度を表す ρ とバブルのリスク度合いを

---

[7]起業家の効用関数は対数型と仮定している.

表 2.4　銀行救済政策と銀行のリスクテイキング ($\pi = 0.995$)

	$\rho = 0.00$	$\rho = 1/3$	$\rho = 2/3$
バブルにおける銀行のシェア	0.000	0.000	0.000
バブル/GDP 比率	0.674	0.674	0.674
バブル期待収益率 − 貸出利子率[8]	−0.004	−0.002	−0.001
貯蓄主体バブル期待収益率 − 預金利子率	0.006	0.006	0.006
銀行資本/GDP (崩壊前)	0.057	0.057	0.057
崩壊時の銀行損失/GDP	0.000	0.000	0.000
銀行資本の損失率 (%)[9]	0.000	0.000	0.000

表す π を変化させた場合に，銀行がどの程度バブルを保有するかということを分析する．

　まず，バブルが非常に安全な場合（$\pi = 0.995$）を考察する．その結果は表 2.4 に示されている．

　この表の 1 行目を見ると，銀行救済策の度合いにかかわらず銀行はバブル資産に投資をしない．バブル資産のリスクが非常に低い場合には，バブル資産と預金の代替性が高いために，貯蓄主体がバブルに投資をすると，バブル資産の収益率は預金利子率に向けて下押し圧力を受ける．その結果，預貸スプレッドが十分に大きくなる．すると銀行は貸出に専念し，バブル資産に投資をする誘因がなくなる．

　銀行がバブル資産に投資をしないので，6 行目と 7 行目に示されている銀行資本損失とその損失率も 0 である．バブルの規模は対 GDP 比で大きい (67.4%) であるにもかかわらず，その崩壊が銀行に与える影響はない．

　表 2.5 ではバブルのリスクの度合いを高め，崩壊確率を年 2% にした場合のシミュレーション結果である．政府の救済政策がない場合 ($\rho = 0$) には，表 2.4 の結果と同じく銀行はバブル資産に投資をしない．しか

---

　[8]この期待収益率は銀行救済を見込んだ収益率であり，貯蓄主体が直面する期待収益率とは異なる．表 2.5 と表 2.6 についても同様である．

　[9]銀行資本の損失率は銀行救済後の損失率．多くの場合，銀行救済がない場合には銀行損失率は 100% を超える．表 2.5 と表 2.6 についても同様である．

表 2.5　銀行救済政策と銀行のリスクテイキング ($\pi = 0.98$)

	$\rho = 0.00$	$\rho = 1/3$	$\rho = 2/3$
バブルにおける銀行のシェア	0.000	0.123	0.515
バブル/GDP 比率	0.296	0.385	0.415
バブル期待収益率 − 貸出利子率	−0.002	0.007	0.010
貯蓄主体バブル期待収益率 − 預金利子率	0.010	0.011	0.005
銀行資本/GDP (崩壊前)	0.055	0.067	0.092
崩壊時の銀行損失/GDP	0.000	0.032	0.071
% 銀行資本の損失率 (%)	0.000	0.469	0.779

し，銀行救済策の度合いを高めていく (ρ の値を高めていく) と，その救済を事前に見込むことによって，銀行がバブル資産に投資をする誘因が強くなっていく．ρ が 2/3 の水準になると，全バブル資産のうち51.5％の割合を銀行が占めるようになり，バブルの規模も対 GDP 比で30％から41.5％に増大する．バブル崩壊前の銀行資本も対 GDP 比で5.5％から9.2％に増大する．

　バブル資産に投資をすることにより，銀行部門の規模も大きくなるが，銀行部門が抱えるリスクも大きくなる．表 2.5 の最後の 2 行は，バブルが崩壊した際の銀行に与える影響を表している．ρ が増加する，つまり金融のセーフティネットが充実するに従い，皮肉なことに銀行損失の対 GDP 比がゼロから7.1％に増加する．$\rho = 2/3$ の場合の銀行資本の損失割合は78％にのぼる．仮に，政治的な理由などで銀行救済が実現しなかったとすると，この場合には銀行部門は深刻な債務超過に陥る．

　最後に，表 2.6 は崩壊リスクの高いバブルの場合のシミュレーション結果である．毎期の崩壊確率は3.5％に設定している．このようなリスクの高いバブルは，政府のセーフティネットが存在しない場合には，そもそも発生し得ない．他の表と同じく，表中の「-」という記号はバブルが発生する確率的定常状態が存在し得ないことを表している．しかし，$\rho = 2/3$ の場合，すなわちバブル崩壊時に政府が銀行損失額の

表 2.6 銀行救済政策と銀行のリスクテイキング ($\pi = 0.965$)

	$\rho = 0.00$	$\rho = 1/3$	$\rho = 2/3$
バブルにおける銀行のシェア	-	-	1.000
バブル/GDP 比率	-	-	0.254
バブル期待収益率 − 貸出利子率	-	-	−0.001
貯蓄主体バブル期待収益率 − 預金利子率	-	-	0.015
銀行資本/GDP (崩壊前)	-	-	0.057
崩壊時の銀行損失/GDP	-	-	0.109
% 銀行資本の損失率 (%)	-	-	0.774

2/3 に相当する救済を行う場合には，バブル均衡が存在する．政府の事後的救済まで勘案すると，銀行にとってはバブル資産は十分にリスクの低い資産となり，貸出利子率対比のリスクプレミアムがそれほど高くなくても，銀行はバブル資産に投資を行う．この均衡においてはバブルの全てを銀行が保有し，バブルの規模も対 GDP 比で 25.4％に及ぶ．崩壊時の銀行損失は GDP の 10.9％，銀行資本の損失率は 77.4％と，政府の救済策が手厚いにもかかわらず，銀行は非常に大きなリスクを抱えることとなる．

　表 2.6 は非常に興味深く重要な結果を示している．政府が手厚いセーフティネットを銀行に提供すると，バブルが発生しやすくなる．特に，リスクの高いバブルが発生し，銀行がそれに投資をするようになる．バブル資産に投資をする理由は，バブル崩壊時に行われる政府や中央銀行の救済策がモラルハザードを生んでいるからである．金融機関に対するセーフティネットが，モラルハザードを通じてリスクの高い資産の価格を高騰させるということは，もちろん既存研究で指摘されている．（例えば Kareken and Wallace (1978).）言い換えれば，銀行部門がリスクを政府部門に移転している（リスク・シフティング）という事である．本章では，リスク・シフティングによって危険なバブルが発生しうるということを示している．

2.5.2 銀行のリスクテイキングと経済変動

前節では政府の金融セーフティネットが銀行のリスクテイキングに
与える影響と，バブルが崩壊した際の銀行損失に与える影響を分析し
た．本節ではそのマクロ経済に対する影響を分析する．図 2.1 ではバブ
ル崩壊の経済に与える影響を，銀行がバブルを持っている場合と貯蓄
主体がバブルを持っている場合について比較している．図 2.1 では初
期には経済は確率的定常状態にあると仮定し，その直後にバブルが崩
壊した際の経済の動きをシミュレーションした．ここでは，銀行がバ
ブルを保有している場合には $\rho = 2/3$ に設定し，貯蓄主体がバブルを
保有している場合には $\rho = 0$ に設定している．どちらの場合もバブル
資産総額が GDP の 20％になるように，崩壊確率を調整している．よっ
て，2 つのシナリオの違いは資産バブルの規模の違いによるものでは
なく，バブルを誰が保有していたかという違いによるものである．

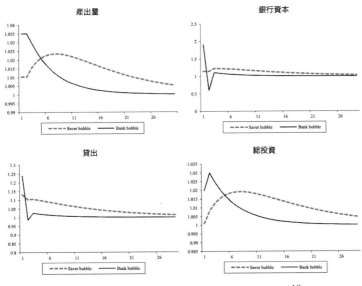

図 2.1　銀行のリスクテイキングと経済変動[10]

表 2.7　資産バブルと銀行 (バブルのない定常状態からの変化 (%))

	$\rho=0$	$\rho=1/3$	$\rho=2/3$
バブルにおける銀行シェア	0.00	0.11	1.00
銀行資本増加率 (%)	14.43	25.03	113.7
貸出増加率 (%)	13.03	14.35	22.69
預貸スプレッド (% ポイント)	0.02	−0.01	−0.22

　図 2.1 は,銀行がバブル資産を保有している場合の方が,バブル崩壊後の経済収縮が大きいことを表している[11]. この 2 つの場合の違いは,銀行がバブルにどれだけ影響を受けたかという違いに起因する. 銀行がバブル資産に投資をしていて崩壊した場合,自己資本が毀損することにより,急激な信用収縮と預貸スプレッドの上昇が生じる. これらが高生産性起業家の投資の下押しをする.

　表 2.7 は資産バブルへのリスクテイキングが銀行に与える影響を示している. ここでも図 1 と同様に,バブルの崩壊確率を調整して,それぞれの場合の確率的定常状態におけるバブル/GDP 比率が 20%になるようにしている. 表の中のそれぞれの変数の値は,バブルがない経済の定常状態とバブルが存在する確率的定常状態の差である. まず表 2.7 の 2 行目「バブルにおける銀行シェア」では,政府の銀行救済策が手厚くなるにつれて (ρ が大きくなるにつれて),銀行がバブルの大きな割合を保有するようになることがわかる. 3 行目「銀行資本増加率 (%)」では,ρ が大きくなるにつれて,バブルの崩壊前 (つまり確率的定常状態) には銀行資本が増大していくことを示している. つまり,政府の銀行救済策が手厚い場合には,バブル崩壊前には,銀行が大きなリスクをとっているにもかかわらず,銀行が非常に健全であるようにも

---

[10]図中,"saver bubble" は低生産性起業家がバブルを持つ場合. "Bank bubble" は銀行がバブルを持つ場合.

[11]図 2.1 では,貯蓄主体である低生産性起業家がバブルを保有していて崩壊した場合,総生産量が増えている. これは,低生産性起業家が自分の (生産性の低い) 投資を増やしているからである. バブルが崩壊すると貯蓄手段が不足し,それを補うために自己生産を増やしている.

見える，ということである．また，銀行貸出（4 行目）も非常に大きく
なる．バブルはリスクがあるために，その分，収益率にプレミアムが
付く．バブルが崩壊しない間は，そのプレミアムを享受することによ
り，銀行は資本を充実させ，バランスシートを大きく拡大させること
ができる．さらにその背後には，預貸スプレッドが小さくなっている
ことがわかる (5 行目)．つまり，信用の拡大が預貸スプレッドを低下さ
せて，借手のレバレッジと投資を増加させる．この効果は，銀行がバ
ブル資産に投資をすることによって，引き起こされている．$\rho = 0$ の場
合は銀行がバブルに一切投資していない場合であり，$\rho = 2/3$ の場合は
全てのバブルを銀行が保有している場合であるが，両方の場合のバブ
ルの大きさは一定にしてある．これら 2 つを比べると，銀行がバブル
資産に投資をすることが，いかに信用の増大に寄与するかということ
がよく理解できる．

　本章の理論分析の結論は近年の実証研究 Gilchrist and Zakrajsek (2012)
と整合的である．Gilchrist and Zakrajsek (2012) によると，社債利子率
のプレミアムは，銀行の貸出態度とバランスシートの健全性に強い相
関を持っている．本章のモデルでは，貸出利子率は安全利子率である
ために，銀行の企業への貸出態度に対応するものは預貸スプレッドで
ある．銀行がバブル資産に投資をした場合，バブルが崩壊しない限り
は，銀行資本が充実し預貸スプレッドも下がる．しかし，バブルが崩
壊すると貸出が減少し預貸スプレッドも上昇するが，この理論的結果
は Gilchrist and Zakrajsek (2012) と整合的である．

2.6　本章の結論

　本章では，銀行の過剰なリスクテイキングをバブル資産への投資と
いう形でモデル化した．分析の焦点は，銀行がどのような状況で過剰

なリスクテイキングをするかということだ．さらに，銀行の健全性とバブルの生成，崩壊の関係を分析した．

本章の分析によれば，銀行は，他の貯蓄主体に比べると，バブル資産に投資をする誘因は本来は弱いはずである．通常は貸出利子率の方が預金利子率よりも高いということが，その理由である．本章では，銀行のリスクテイキングを誘発する要因の1つとして，政府の銀行に対するセーフティ・ネットを分析した．バブルが崩壊した際の銀行救済策は，バブルの崩壊に伴って銀行が被った損失を政府が補うことを意味するので，それを予見する銀行は，バブル資産に投資をする誘因が強くなる．

バブルのマクロ経済に与える影響は，誰がバブルに投資をしたかということに強く依存する．銀行がバブル資産に投資をした場合，バブル崩壊前の好況と崩壊後の不況の振幅は共に大きくなる．崩壊前には，バブル資産からの収益により銀行資本が充実し，それによって企業貸出も増加，預貸スプレッドも縮小する．政府の銀行救済策が見込まれると，そのこと自体がバブルの発生に伴う銀行部門の拡大に寄与する．あたかも，銀行救済策がバブル資産購入というリスクテイキング対する補助金のように働き，皮肉にも銀行部門のリスクが高まる．さらに，銀行の参入なしでは存在し得ないようなリスクの高いバブルも発生し得るようになる．

本章では政府の銀行救済策に焦点を当てて分析したが，それが銀行のリスクテイキングの唯一の原因であるわけではない．次章では，金融自由化と銀行のリスクテイキングについての考察を行う．

Appendix

2.7　パラメータ設定に用いたデータ

表 A1　パラメータ設定に用いたデータ

理論概念	データ	出所
銀行貸出利子率	実質プライムレート-GDP 成長率-仲介費用	FRB, Table H.15, FDIC, BEA
預金利子率	Real M2 own rate - GDP 成長率	FRED
インフレ予想	平均 CPI　インフレ (都市部全消費者)	FRED
GDP 予想成長率	平均実質 GDP 成長率	FRED
預金量	M2	FRED
名目 GDP	名目 GDP	FRED
銀行レバレッジ	銀行負債/銀行自己資本	FRB, Table H.8
企業レバレッジ平均	企業負債/企業自己資本	Welch (2004)
高レバレッジ企業のレバレッジ	高レバレッジ企業の負債/自己資本	Welch (2004)
銀行 ROE	銀行 ROE	FDIC

第3章　金融市場の構造変化と銀行の リスクテイキング

3.1　はじめに

　本章では，銀行業以外の金融業の発展が銀行のリスクテイキングに
与える影響を分析する．企業や家計にとって，銀行以外の資金調達手
段は着実に発達してきた．世界金融危機以前では，非銀行金融部門の
発展はどちらかというと好ましいと考えられてきた．例えば，前アメ
リカ連邦準備銀行議長であった アラン・グリーンスパンは (Greenspan
(1999))，住宅ローン証券市場を「スペアタイヤ」と呼んだ．この市場
は，1990年代初期の住宅市場の過熱と崩壊に伴う収縮効果を緩和した
と評価されていた．しかし，日本のバブル期のノンバンクの過剰な不
動産投資や，2000年代アメリカの住宅証券市場を発端とした世界金融
危機は，銀行以外の金融仲介が必ずしもスペアタイヤとして機能する
とは限らないということを示唆している．銀行融資以外の資金調達手
段の多様化は，スペアタイヤとして機能し経済を安定化させるのだろ
うか，それとも，金融市場のシステミックリスクの源泉となり，経済
を不安定化させるのであろうか．

　本章では，第1章の基本モデルに非銀行金融部門を導入することに
よって，上記の問いに答える．第1章では銀行部門のモラルハザードに
よってリスクテイキングが生じる状況を分析した．そこで重要なもの
は政府の提供する金融のセーフティネットである．預金保険や政府の
資本注入などのセーフティネットのおかげで預金者は守られるが，そ

れらは同時に銀行部門のリスクテイキングを生じさせる．逆にセーフ
ティネットが存在しないならば，銀行はリスクテイキングを行うイン
センティブがあまりない．その理由は，貸出利子率と借入利子率の間
にスプレッドがある場合には，伝統的な企業貸出を続けることで十分
な収益をあげることができるからである．預貸スプレッドの存在は銀
行存続価値（フランチャイズバリュー）の源泉である．伝統的な貸出
業務から十分な収益を上げることができ，しかもセーフティネットが
存在しないならば，わざわざ銀行の存続を危うくするようなリスクを
取る誘因が銀行にはない．銀行のフランチャイズバリューが銀行の過
剰なリスクテイクを抑制するということは，近年の銀行のリスクテイ
キングの研究でも主張されている（(Vives (2011)，Hanson et al. (2011)，
Gropp et al. (2011)，Corbae and D'Erasmo (2013)) 等 ）．一方でセーフ
ティネットが存在するならば，政府の銀行救済を見込んで過剰なリス
クを取る誘因が生じる．

　本章では，非銀行金融部門が発展するに従って，銀行部門が金融市
場においてかつて確立していた優位な地位が失われ，その結果フラン
チャイズバリューが減退し，銀行のリスクテイキングが誘発される現
象をモデル化する．非銀行金融部門が発達するに従い利鞘が減少する
と「利回りの追求 (search for yield)」が生じ，バブル資産に投資を始め
る．バブルは崩壊の危険があるために，このような銀行行動は金融シ
ステムをシステミックリスクに晒すことになる．

　銀行に影響を与える金融市場の構造変化として，企業や家計の銀行
を介さない資金調達手段の例を，2つ考察する．非銀行金融には，銀行
の財務状況に依存する金融と，そうでない金融が存在する．銀行の財
務状況にあまり依存しない金融とは，企業が債権や株を発行してそれ
を家計が保有する場合を考えるとわかりやすいであろう．その例とし
て，社債市場の発展を考察する．モデルを構築する上では，社債発行
を通じて企業は，銀行を介さずに資金の一部を調達できると仮定する．

　一方，銀行の財務状況に依存する非銀行金融も存在する．その 1 つ
に，銀行部門が資本規制を迂回するために創設する様々な金融機関や
取引形態がある．金融技術の発展や金融のグローバリゼーションによ
り，市場原理にそぐわない規制は，金融機関の行動を歪め，金融規制
当局が当初意図していた規制の効果とは異なった影響を，金融市場に
与えることがある．このことは「規制のアービトレージ」(regulatory
argitrage) と呼ばれる．Acharya et al. (2013) によれば，2000 年代米国
の資産担保コマーシャルペーパー (ABCP) のコンデュイット (conduit,
導管体) は，規制のアービトレージの結果だったとしている．ABCP コ
ンデュイットとは，大手商業銀行が設立した特別事業体 (SVP, Special
Purpose Vehicles) で，短期金融市場で資産担保コマーシャルペーパーを
発行して資金調達をし，中・長期の資産を保有するものである．この事
業体は，通常の銀行業務と類似しているという意味で，「シャドーバン
ク」の例である．「シャドーバンク」とは，伝統的な金融仲介業務と同様
の業務を行うが，規制下にある伝統的銀行の影に存在している金融仲
介機関といえる．「影」に存在しているとは，それらの金融仲介機関が
設立母体銀行のバランスシートには計上されなかったり，規制も緩かっ
たりするいという意味で使われている．これら ABCP コンデュイット
の発行する ABCP は母体銀行の保証がついていることが多かった．そ
のため，母体商業銀行は ABCP コンデュイットのリスクにさらされて
いたといえる．この様子を Acharya et al. (2013) は「リスクの移転なき
証券化」と呼んでいる．1980 年台後半から起こった日本のバブルの発
生と崩壊においても，「ノンバンク」は重要な役割を果たした．「ノンバ
ンク」とは，一般的には預金を主な資金調達先とせずに与信を行う金
融機関のことを指すが，バブル期には母体銀行の別働部隊として積極
的な不動産担保融資を行っていた．鈴木 (2009) は，系列ノンバンクが
日本長期信用銀行の破綻に果たした役割を，当事者の立場から述べて

おり，非常に興味深い[1]．以上のような，実質的に銀行の財務状況に依存する非銀行金融を，本章では「シャドーバンク部門」と呼ぶ．シャドーバンク部門に関するこのような捉え方は，近年の他のシャドーバンク研究 (Goodhart et al. (2012), Alessandri et al. (2017), Gennaioli et al. (2012) 等) と比べるとやや極端かもしれない．しかし，上記の捉え方はシャドーバンク部門が持つ 2 つの重要な特徴を捉えている．つまり，シャドーバンク部門は銀行部門全体のレバレッジを上昇させるということと，その部門の存続は伝統的銀行部門の健全性に依存しているということである[2]．

　社債市場の発展にしても，シャドーバンク部門の発展にしても，伝統的な銀行収益を圧迫することを通じて銀行のリスクテイキングを誘発し，金融市場の脆弱性を高める．この経路が前述の銀行フランチャイズバリューの減少を通じたものであることも，両者で共通している．社債市場が発展すると，銀行の伝統的な金融仲介業務の役割を奪うことにより，銀行フランチャイズバリューが減少する．一方，シャドーバンク部門が発展すると，金融部門の実質的なレバレッジが増大し，それに伴って信用供給が増大，預貸スプレッドが減少する．両者の場合とも，預貸スプレッドが減少して伝統的業務の収益性が減少すると，銀行はリスクをとってバブル資産を保有するようになる．

　しかし，金融市場の脆弱性に対する影響はシャドーバンク部門の方が大きいことを，モデルシミュレーションによって示す．その理由は，双方の金融市場の構造変化が銀行部門のレバレッジに対する影響の違いによる．シャドーバンク部門が発達すると，上述の通り銀行部門の

---

[1] 日本経済新聞社 (2000b) も当時のノンバンクの状況について興味深い記述をしている．

[2] ファイナンスの分野においてもシャドーバンクの研究は多く存在する．例えば Gorton (2010) は，シャドーバンク部門は商業銀行と類似の満期変換を行うが中央銀行による「最後の貸手」機能の傘の外にある部門であるために，取り付け騒ぎのリスクが大きいと主張している．

レバレッジが増大する．一方で，社債市場が発展すると，銀行部門の
レバレッジはほとんど影響を受けないか，むしろ減少する．そのため
に，シャドーバンク部門が発展した状態でバブルが崩壊すると，レバ
レッジが大きくなった状態で銀行のバランスシートが毀損するために，
銀行資本への影響が大きくなる．

　シャドーバンク部門が発展した場合には，バブル崩壊に伴う実体経
済への影響もより大きくなる．社債市場の存立は銀行資本に依存しな
いために，Greenspan (1999) が述べたとおり，社債市場は銀行危機が
起こった場合の「スペアタイヤ」として機能する．よって，バブル崩
壊に伴う信用収縮を和らげる効果がある．つまり，銀行から独立して
いる金融市場の発展は，銀行部門のリスクテイキングや脆弱性を引き
起こすが，バブルが崩壊した後の経済収縮はより穏やかなものとなる．
一方，シャドーバンク部門はその存立が母体銀行に依存しているため
に，母体銀行の資本が毀損すると，シャドーバンク部門の資金供給も
同時に収縮する．つまり，スペアタイヤとしてはシャドーバンク部門
は機能しない．また，レバレッジが高まったことも作用して，経済全
体の信用収縮は大きいものとなる．

3.2　モデル

　この章での目的は，借手の資金調達手段の多様化が銀行部門のリス
クテイキングに与える影響を分析することである．前章と同じく，金
融市場の脆弱性はバブルの発生と崩壊によって引き起こされるとモデ
ル化する．以下では，銀行がバブル資産に多額の資金を投入する状況
は如何なる場合なのかということを，詳細に分析していく．

　本章のモデルは Aoki and Nikolov (2015b) に依拠しており，前章のモ
デルに銀行以外の資金調達経路を導入するものである．銀行以外の資

金調達経路を本章では「非銀行金融」と呼ぶ．モデル経済には，企業家，労働者，銀行と政府部門が存在する．企業家には，高生産性起業家と低生産性起業家の2種類が存在する．低生産性の起業家は，均衡においては貯蓄主体として本源的貯蓄の供給源となり，高生産性起業家は借手となる．前章のモデルでは，全ての貸し借りは銀行の仲介が必要であると仮定していた．この章では，銀行を通じた伝統的な間接金融に加えて，2種類の非銀行金融をモデル化する．それらは社債市場とシャドーバンキングである．いずれの場合も，企業が証券を発行して貯蓄主体がそれを購入するのだが，債務の返済執行の形態が両者の間で異なる．社債市場では，返済の執行も貯蓄主体が直接行うと仮定する．シャドーバンク部門を介した金融仲介では，貯蓄主体がシャドーバンクに手数料を払う代わりに，債務返済の執行はシャドーバンクとその母体行に肩代わりしてもらうと仮定する．つまり，母体行が貯蓄主体に対して実質上の債務保証をするということである．前章と同様に，政府は資本注入などの銀行の救済をモデル化するために導入する．

3.2.1 起業家

起業家の生産関数は，前章と同様である．生産には1期かかると仮定する．すなわち，t 期に労働投入 h_t を行うと時期に y_{t+1} の財を生産できる．生産関数は

$$y_{t+1} = a_t^i h_t \tag{3.1}$$

であり，a_t^i は起業家の生産性である．生産性は t 期に既知である．

各期，一定割合の起業家の生産性は高く（$a_t^i = a^H$），その他起業家の生産性は低い（$a_t^i = a^L < a^H$）．各期，高生産性起業家は次期には確率 δ で生産性が低下し，低生産性起業家は確率 $n\delta$ で時期に生産性が上昇する．この確率は，起業家間で独立であり，時点を通じても独立であ

る．この遷移確率について以下の仮定をおく．

$$\delta + n\delta < 1 \tag{3.2}$$

起業家の効用関数を以下のように仮定する．

$$U^E = E_0 \sum_{t=0}^{\infty} \beta^t \ln c_t \tag{3.3}$$

ここで c_t は消費である．起業家は，消費財 c_t とバブル資産 m_t^e (価格は μ_t) を購入し，銀行から b_t^l だけの借入を行う．b_t^l が負の場合には銀行に預金をしていることを意味する．また，貯蓄主体から直接 b_t^m だけの借入を行う．起業家は財を生産するために労働者を雇い，$w_t h_t$ だけの賃金を払う．ここで，w_t と h_t はそれぞれ賃金と雇用量である．政府は企業の純資産に τ_t の税率をかけるとする．以上の設定のもとで，起業家の予算制約は

$$c_t + w_t h_t + m_t^e \mu_t - b_t^m - b_t^l$$

$$= (1-\tau_t)\left(a^i h_{t-1} - R_{t-1}^i b_{t-1}^l - \widetilde{R}_{t-1}^i b_{t-1}^m + m_{t-1}^e \mu_t\right)$$

$$\equiv (1-\tau_t) z_t \tag{3.4}$$

と表せる．ここで，z_t は起業家の純資産を表す．R_t^i は銀行と取引をする際の利子率であり，借り入れるときには貸出利子率 R_t^l を表し，預金をしているときには R_t^d を表す．$\widetilde{R}_t^i$ は銀行借入・預金以外の金融，つまり，非銀行金融の利子率（収益率）であり，借手である場合には $\widetilde{R}_t^l$，貸手である場合には $\widetilde{R}_t^d$ となる．ここで，起業家が発行する証券の額面上の利子率を R_t^m とする．発行手数料を 0 と仮定すれば，起業家にとっての非銀行金融による借入利子率は $\widetilde{R}_t^l = R_t^m$ となる．その一方で，$\widetilde{R}_t^d$ と R_t^m が等しくなるかどうかは，非銀行金融市場の市場構造による．

具体的には以下の関係を仮定する.

$$\widetilde{R}_t^d = R_t^m - (1 - \psi)\, p_t$$

ここで, 貯蓄主体が自分だけで非銀行金融の返済を借手に履行させることができるならば, ψ は 1 の値を取り, 銀行のみが借手に返済を履行させることができる場合には, 0 の値をとると仮定する. この場合は, 貯蓄主体は, 銀行に p_t だけの手数料を払って, 銀行に債務の信用保証をしてもらう. $\psi = 1$ の場合を社債市場, $\psi = 0$ の場合をシャドーバンキングと呼ぶ.

3.2.2 非銀行金融

この節では社債市場とシャドーバンキングのモデル化の詳細について説明する.

社債市場

社債市場では, 金融機関が関与せずとも, 貯蓄主体が資金の借手に返済をきちんと履行させることができると仮定する. モデルの上では, $\psi = 1$ の場合に該当する.

社債市場があるとしても銀行は存在し続けるが, その理由は, 債務返済を履行させる能力が他の経済主体 (貯蓄主体) よりも優れているからである. ここでは, 借手が債務不履行を起こしたときに差し押さえられる企業価値の割合は, 銀行の方が貯蓄主体よりも大きいと仮定する.

具体的には以下のことを仮定する. 起業家は, t 期に資金を借りて生産活動を行なった結果, $t+1$ 期には y_{t+1} だけの財を生産できるわけだが, その生産量の期待値を $E_t y_{t+1}$ としよう. 起業家が債務不履行を起こした場合, 銀行は $\theta E_t y_{t+1}$ だけの資金を回収できるが, 貯蓄主体は $\theta (1 - \chi) E_t y_{t+1}$ のみしか回収できないと仮定する. これは, 企業の生

産物のうち，銀行が担保にとれる割合が θ であり，貯蓄主体が担保として取れる割合が $\theta(1-\chi)$ であるという解釈もできる．もちろん，貯蓄主体が担保として $\theta(1-\chi)$ だけ取ったとしたら，銀行は残りの $\theta\chi$ だけの割合の担保しか取れない．担保として取れる価値の総額の割合は θ である．

　よって，企業は 2 種類の担保制約に直面している．1 つ目は，社債市場で借りる際の担保制約であり，それは

$$R_t^m b_t^m \leqslant \theta(1-\chi) E_t y_{t+1} \tag{3.5}$$

で表される．2 つ目の担保制約は，市場と銀行からの借入総量に対する担保制約であり，

$$R_t^m b_t^m + R_t^l b_t^l \leqslant \theta E_t y_{t+1} \tag{3.6}$$

で与えられる．

　これらの仮定は，直観的には以下のことをモデル化している．債務の一部は直接金融市場で調達することが出来て，しかも，その債務の回収にそれほど特殊な技術を要しない．残りの債務に関しては，その回収に銀行が保有する技術や知識を必要とする．

シャドーバンキング

　本章で「シャドーバンク」と呼ぶものは以下のとおりである．借手である起業家が証券を発行し，それを貯蓄主体が購入する．その意味で，資金の貸借は借手と貸手の間での貸借であり，銀行貸出と銀行預金を通したものではない．しかし，貯蓄主体が借手に対して債務の返済を履行させるためには，銀行の関与が必要となる．つまり，貸手である貯蓄主体は，借手に対して債務返済の履行を執行させる能力を持たず，銀行だけがその能力を持つと仮定する．貯蓄者は，借手に債務返済を履行させることが出来ないために，起業家が発行する証券は銀行の関与なしには流通しない．この場合，銀行は債務 1 単位あたり p_t

の信用保証料を貯蓄者から取り，債務の返済を保証する．さらに，銀行はその債務保証をシャドーバンクを設立して簿外で行うと仮定する．

Acharya et al. (2013) が報告しているように，2000 年代世界金融危機以前の米国では，ABCP コンデュイットが発行していた ABCP に対して，銀行が債務保証を行なっていた．1980 年台，90 年台の日本のバブル経済の時にも，ノンバンクは，母体銀行の別働部隊として，積極的な不動産担保融資を行っていたが，バブル崩壊後に生じたノンバンクの損失は最終的に母体行の損失となり，その後の急激な信用収縮の原因となった．また，ノンバンクに対しては，銀行に比べると，当時の政策当局の規制監督がゆるやかであった[3]．本章のシャドーバンクモデルは，これらの現実を描写しようと試みている．モデルにおける信用保証は，銀行が貯蓄主体から債務を買い取って債務者に返済を履行させるものとして機能する．後に示すように，この信用保証は，銀行が規制アービトレージを行ってレバレッジを上げることに利用される．

銀行部門が信用保証を行う場合には，モデルにおいて $\psi = 0$ の場合である．そうすると，借手である起業家にとっては (3.6) 式のみが制約となる．(3.6) 式は，銀行からの借入と市場からの借入の和が，銀行が取れる担保の量に規定されるということを，意味している．

3.2.3 　銀行

銀行に関しては前章と同様に以下の仮定を置く．まず，銀行は危険中立的である．また，銀行は無期限に存続するのではなく，一定確率 $1-\gamma$ で退出する．退出する際には，純資産を全て売却して消費に当てる[4]．銀行家は次の目的関数を最大化する．

---

[3]当時の状況の記述としては，日本経済新聞社 (2000b) や日本経済新聞社 (2000a) を参照．

[4]銀行家の人口を一定にするために，各期に新しい銀行家が $1-\gamma$ だけ参入してくると仮定する．また，新銀行家は少量の初期純資産を持っていると仮定しておく．

$$U^B = E_0 \sum_{t=0}^{\infty} (\beta\gamma)^t c_t^B \tag{3.7}$$

ここで，β は割引率，γ は次期に事業を継続する確率である．

　次に銀行のバランスシート式を設定する．t 期における銀行の自己資本を n_t とする．銀行は預金 d_t を貯蓄主体から集め，借手に貸し出す．貸出量を b_t で表す．さらに貸出に加えて，銀行はバブル資産に投資をする．バブル資産の価格を μ_t，銀行の購入量を m_t^b とすると，バブル資産への投資額は $\mu_t m_t^b$ である．最後に，起業家が発行した証券に対する保証 s_t を，貯蓄主体に対して行う．銀行退出時の消費を c_t^b とすれば，銀行家のバランスシートは以下の式で表される．

$$c_t^b + b_t + \mu_t m_t^b = n_t + d_t \tag{3.8}$$

ここで重要な仮定は，銀行は債務保証を簿外で行うということである．その仮定の下では，債務保証 s_t がバランスシート式 (3.8) に現れない．一方，自己資本の遷移式は債務保証 s_t の関数となる．バブルが崩壊しない場合には遷移式は

$$n_{t+1} = R_t^l b_t + \mu_{t+1} m_t^b - R_t^d d_t + p_t s_t \tag{3.9}$$

となり，バブルが崩壊した場合には

$$n_{t+1} = R_t^l b_t + \rho m_t^b - R_t^d d_t + p_t s_t \tag{3.10}$$

となる．前章と同様に，(3.10) 式の中の ρ は，政府の銀行救済政策を表している．より具体的には，バブルが崩壊して資産価値がゼロになった場合，そのキャピタルロスによって毀損した銀行資本を回復させるために，政府は，銀行が保有しているバブル資産の ρ の割合だけの資本注入を行うと仮定する．

　前章と同じく，銀行はバランスシート制約に直面すると仮定する．具体的には Gertler and Karadi (2011) に従い，銀行は全債務のうち $1-\lambda^m$

の割合を私的に流用することができると仮定する．また，流用した後は銀行業から退出すると仮定する．預金者は，銀行家が私的に資金を流用する可能性があることを知っているので，その誘因が発生しないように，預金量を制限する．今，銀行の価値関数を $V(n_t)$ とする．これは，銀行業を存続させることの価値である．すると，銀行家が預金を私的に流用しないための条件は

$$(1-\lambda^m)(s_t+d_t) \leqslant V(n_t) \tag{3.11}$$

である．(3.11) 式の左辺は資金を流用した時の価値，右辺は流用せずに銀行業を継続した時の価値である．右辺が大きい限り，銀行は資金を流用する誘因を持たずに銀行業を継続する．(3.11) 式の左辺には，バランスシート上に記載されている預金に加えて，簿外の債務保証 (s_t) も含まれていることに注意されたい．これは，預金者を含めた市場参加者は，債務保証がたとえバランスシート上に記載されていなかったとしても，銀行の債務であるということを認識しているということを意味する．

　金融市場から課される制約の他に，銀行は政府の金融規制にも服していると仮定する．前章では，銀行部門に提供するセーフティ・ネットが，モラルハザードの原因となり，銀行のリスクテイキングを誘発するということを示した．銀行がバブル資産を購入すると，レバレッジが高くなりリスクも高くなる．モラルハザードを防ぐ一つの手段はレバレッジに規制をかけることである．レバレッジ規制は，BIS の規制など，現実の政策として広く採用されている．具体的には，金融規制は以下の式で表されると仮定する[5]．

$$(1-\lambda^r)d_t \leqslant V(n_t) \tag{3.12}$$

---

[5]実際の金融規制は銀行資本に関する制約として課されるのが通常である．具体的には

$$(1-\lambda^r)d_t \leqslant n_t$$

λ^r は金融規制の厳しさを表すパラメータである．(3.12) 式においては，規制当局は簿外の債務保証を観察することができないので，金融規制は伝統的な預金量に対してのみ課されると仮定している．これがシャドーバンク部門が存続し得る理由である．

　銀行は目的関数 (3.7) 式を (3.8)，(3.9)，(3.10)，(3.11)，(3.12) の制約のもとで最大化する．

3.2.4　労働者

　前章と同じく，労働者は投資機会を持たないと仮定する．また，担保となる資産も持っていないので，借り入れも行うことができない．労働者は効用関数

$$U^W = E_0 \sum_{t=0}^{\infty} \beta^t \left(c_t^w - \frac{h_t^{1+\eta}}{1+\eta} \right) \tag{3.13}$$

を予算制約

$$c_t^w + m_t^w \mu_t - b_t^w = w_t h_t + m_{t-1}^w \mu_t - R_{t-1}^d b_{t-1}^w \tag{3.14}$$

のもとで最大化する．上付き文字の「w」は労働者 (workers) の変数であることを意味している．

3.2.5　政府部門

　分析を簡潔にするために，政府部門のモデル化を銀行部門の救済と銀行規制のみに焦点を当てる．銀行規制は (3.12) 式で表される．銀行救済については前章の仮定を踏襲する．すなわち，政府は国債を発行せずに，税金のみを使って銀行部門の救済を行う．銀行の救済はバブ

のような形態をとる．しかし，本文中の規制のように，銀行資本の市場価値に対する制約の形態を取ったとしても，得られる結論は銀行資本のバランスシート上の価値に対する制約の場合と同じである．

ルが崩壊したときにのみ発動される．つまり，バブル資産の価格 μ_t が
ゼロになった場合に

$$\tau_t Z_t = \rho m_{t-1}^b$$

が成り立つように税率 τ_t を設定して徴税する．ここで，Z_t は起業家の
純資産であり，m_{t-1}^b は，バブルが崩壊する直前に銀行が保有していた
バブル資産である．バブルが崩壊しない限りは $\tau_t = 0$ である．

3.3 　均衡

Weil (1987) に従い，確率的に崩壊するバブルを考察する．具体的に
は，バブルの崩壊確率が毎期 $1-\pi$ であり，崩壊したときには，バブ
ル資産の価格はゼロになると仮定する．また，この確率は時間を通じ
て一定であると仮定する．

3.3.1 　起業家の行動

前章と同じく，起業家の効用関数が対数型であるため，純資産 z_t に
対する貯蓄率が β となる．よって毎期の消費は

$$c_t = (1-\beta) z_t \tag{3.15}$$

で与えられる．

　均衡においては，高生産性起業家が銀行から借入を行い，低生産性
起業家は貯蓄主体となって銀行に預金をする．ここでは，高生産性起
業家の借入制約 が等号で成り立つ均衡に，焦点を当てる．

　社債市場経済の場合には，(3.5) と (3.6) が等号で成り立っている均
衡である．均衡において $R_t^l > R_t^m$ が成り立つときには，起業家は，ま
ず，社債市場で上限まで借りようとする．後に，均衡においては実際
に $R_t^l > R_t^m$ が成り立つことを示す．

シャドーバンク経済の場合には，銀行のみが債務返済を履行できる
ので，均衡において，銀行貸出と起業家が発行した証券は完全代替と
なる．よって，$R_t^l = R_t^m$ が成り立つ．つまり，借手は銀行借入と証券
の発行の間で無差別である．

起業家の純資産に対する収益率 $(r(a^H))$ は以下の式で与えられる[6]．

$$r(a^H) = \frac{a^H(1-\theta)}{w_t - a^H\theta\left((1-\chi)/R_t^m + \chi/R_t^l\right)} \geqq R_t^l \tag{3.16}$$

この式の分母は，労働を 1 単位雇うのに必要な頭金の額である．労働を一
単位雇う費用は賃金率 w_t であるが，その一部分 $a^H\theta\left((1-\chi)/R_t^m+\chi/R_t^l\right)$
を銀行借入と証券の発行で賄う．分子は，銀行借入と証券債務を返済
した後の生産の収益率である．高生産性企業の投資は

$$h_t = \frac{\beta z_t}{w_t - a^H\theta\left((1-\chi)/R_t^m + \chi/R_t^l\right)} \tag{3.17}$$

で与えられる．投資家は，純資産 z_t のうち β を貯蓄に回して，それを
投資（労働費用の支払い）の頭金に使う．

低生産性起業家は均衡においては貯蓄主体となり，銀行に預金をす
るとともに，証券（社債，もしくはシャドーバンクを通じた保証付きの
証券）を購入する．銀行預金と証券の購入の両方を行う場合には，両
者の収益率が等しくならなければならないので，

$$R_t^d = R_t^m - (1-\psi)\,p_t$$

が成り立っている．社債市場の場合 $(\psi = 1)$ には，貯蓄主体が，借手に
債務返済の履行をさせることができるので，$R_t^d = R_t^m$ が成り立つ．こ
の場合，銀行のバランスシート制約が等号で成り立ち，しかも $R_t^l > R_t^d$
であるならば，社債市場からの資金調達の方が，銀行借入による資金

---

[6]シャドーバンク経済の場合は $R_t^m = R_t^l$ であることに注意

調達よりも，安くなることに注意されたい．

　低生産性起業家（貯蓄主体）は，銀行預金と証券の他に，もう2つ
の貯蓄手段がある．1つは自分で生産を行うこと，もう1つはバブル
資産である．

$$R_t^d > \frac{a^L}{w_t} \tag{3.18}$$

が成り立つならば，低生産性起業家は生産を行わない．しかし，起業
家と銀行の信用制約が十分に厳しい場合には，国内貯蓄の全てが高生
産性起業家の生産に回らなくなり，結果として，低生産性起業家が生
産を行うようになる．その場合には，

$$R_t^d = \frac{a^L}{w_t} \tag{3.19}$$

が成り立つ．

　バブルは危険資産である．バブルと預金の間の，貯蓄主体の無裁定
条件は

$$E_t\left[\frac{1-\tau_{t+1}}{c_{t+1}^L}\frac{\tilde{\mu}_{t+1}^e}{\mu_t}\right] = E_t\left[\frac{1-\tau_{t+1}}{c_{t+1}^L}\right]R_t^d \tag{3.20}$$

で与えられる．ここで，$1/c_{t+1}^L$ は，貯蓄主体の消費の限界効用であり，
危険資産に対するプライシングカーネルの役割を果たす．$\tilde{\mu}_{t+1}^e$ はバブ
ル資産価格であり

$$\tilde{\mu}_{t+1}^e = \begin{cases} \mu_{t+1} & （確率 \pi） \\ 0 & （確率 1-\pi） \end{cases} \tag{3.21}$$

で与えられる．ここで μ_{t+1} は，バブルが破裂しなかった場合の資産価
格である．

3.3.2　銀行の行動

　次に銀行の行動の記述に移る．前章と同じく，銀行の目的関数は以下のように逐次的な形に表せる．

$$V(n_t) = \max_{c_t^b, d_t, b_t, m_t^b, s_t} \left\{ c_t^b + \beta E_t \left[\gamma V(n_{t+1}) + (1-\gamma) n_{t+1} \right] \right\} \quad (3.22)$$

ここで，$V(n_t)$ は銀行資本が n_t である銀行の価値評価関数である．銀行は，自らの価値を最大化するように，消費，預金，バブル資産，および貸出を決定する．

　$\psi = 1$ の場合は，貯蓄主体は，証券の返済履行を銀行に頼る必要がない場合である．その場合は銀行の債務保証が必要でない $(p_t = 0)$ ので，債務保証は発行されない $(s_t = 0)$．すると，銀行は簿外の債務保証を持たず，その借入制約は市場からの制約 (3.11) と政府の規制 (3.12) のいずれか厳しい方で決まる．

$$d_t \leqslant \min\left(\frac{1}{1-\lambda^m}, \frac{1}{1-\lambda^r} \right) V(n_t)$$

ここでは政府規制の制約の方が厳しいと仮定する $(\lambda^m > \lambda^r)$．よって，$\psi = 1$ の場合には，銀行のレバレッジは政府規制によって決定される．

　一方で，$\psi = 0$ の場合は，証券の債務返済履行に銀行が必要である場合である．その場合には，銀行がシャドーバンクを通じて貯蓄主体に債務保証 (s_t) を行う．しかもシャドーバンクは母体銀行の簿外で活動するので，債務保証は母体銀行のバランスシートの上に記載されない．債務保証のプレミアムは，ちょうど預貸スプレッドと同じになる．

$$p_t = R_t^l - R_t^d \quad (3.23)$$

すると銀行は，バランスシート上で直接起業家に貸し付けることと，バランスシート外で債務保証をすることの間で，無差別となる．債務保証は簿外だが，預金については (3.11) 式を満たさなければならない．銀

行は, 簿外のシャドーバンクによる債務保証 (s_t) を, (3.12) 式が等号で成り立つまで設定する. つまり, 簿外の債務保証は

$$s_t = \left(\frac{1}{1-\lambda^m} - \frac{1}{1-\lambda^r} \right) V(n_t) \tag{3.24}$$

で与えられる. (3.24) 式が成り立つ時には, 政府の銀行規制 (3.12) 式は, もはや, 銀行のレバレッジや貸出を制約することはなくなる. つまり, シャドーバンクが設立されると, 政府の規制はただの「ベール」となってしまう. 政府規制は, 経済全体の貸出量に制限を加えることがなくなり, 単に, 規制に服する銀行部門と, そうでないシャドーバンク部門の相対規模を, 変えるだけとなる[7]. この結果は, Tucker (2010) の議論や Acharya et al. (2013) で報告されている実証結果をよく捉えている. つまり, 高い収益機会があると, 金融機関は資本規制を迂回する道を見つけようとするということである.

　このモデル化の仕方は, 本章で述べた ABCP コンデュイットに加えて, 様々なノンバンクのあり方を捉えている. 例えば, 市中銀行に比べて規制の緩い金融機関 (金融危機前の AIG や Dexia などの保険会社) は, CDS 保証をその保有者に販売しており, その結果, 必要な資本を減らすことができていた. これはモデルが捉えようとしている事例である. 実際には Acharya et al. (2013) が説明しているように, シャドーバンクの実態はその時代や国によって様々である. しかし, 共通していることは, 規制逃れのためのシャドーバンクが設立されると, 金融

---

[7]ここでは簡単のために政府規制と市場からの規制が同じ関数形で与えられると仮定している. 実際には, 政府規制を銀行のレバレッジに対する上限

$$(1-\lambda^r)d_t \leqslant n_t \tag{3.25}$$

と仮定した方が自然であろう. しかし, このように仮定したとしても分析の結果は変わらない. 借手の起業家からすれば, 銀行部門とシャドーバンク部門のどちらから借りても無差別である. 貯蓄主体の観点からも, 銀行預金と債務保証付きの債券を購入することとの間で無差別である. そうすると (3.23) 式が成り立つこととなり, 銀行はバランスシート上で企業に貸し付けることと簿外で債務保証をすることの間で無差別となる.

規制が実効性を失い，金融機関が高いレバレッジをかけて経営することを防げなくなるということだ．このことを本章のモデルは記述している．

要約すると，金融機関の借入制約は次のように表現できる．

$$\left(1-\widehat{\lambda}\right)\widehat{d}_t \leqslant V\left(n_t\right) \tag{3.26}$$

$$\widehat{\lambda} = \psi\lambda^r + (1-\psi)\lambda^m \tag{3.27}$$

$$\widehat{d}_t = d_t + s_t \tag{3.28}$$

ここで，$\psi = 1$ の場合には $s = 0$ であることに注意されたい．

第 1 章のモデルと同じく，銀行は危険中立的であるので，価値評価関数は銀行資本に線型になる．

$$V\left(n_t\right) = \phi_t n_t \tag{3.29}$$

$R_t^l > R_t^d$ の場合には借入制約 (3.26) 式が等号で成り立ち，銀行は退出間際まで消費をしない．(3.22) 式と (3.29) 式より，銀行のバブル資産に関する一階の条件は

$$E_t\left[(1-\gamma+\gamma\phi_{t+1})\frac{\tilde{\mu}_{t+1}^b}{\mu_t}\right] \leq E_t\left[(1-\gamma+\gamma\phi_{t+1})\right]R_t^l \tag{3.30}$$

で与えられる．$\tilde{\mu}_{t+1}^b$ は銀行にとってのバブルの実質的な収益で

$$\tilde{\mu}_{t+1}^b = \begin{cases} \mu_{t+1} & (確率\ \pi) \\ \rho\mu_t & (確率\ 1-\pi) \end{cases} \tag{3.31}$$

で与えられる．ρ は，政府の銀行に対する直接的間接的な救済策を表すパラメータである．資産バブルが崩壊した時には，政府が，バブル

58

投資の ρ の割合に相当する資本注入を行う．一階の条件の中の期待値演算子は，バブルの崩壊確率についてかけられている．(3.30) 式が不等号で成り立つならば，貸出業務の方がバブル資産よりも期待収益率が高いので，銀行はバブル資産に投資をしない．その一方，(3.30) 式が等号で成り立つならば，銀行は貸出業務とバブル資産への投資の双方を行う．

最後に，(3.11) 式，(3.27) 式，(3.29) 式と (3.30) 式を，(3.22) 式に代入することにより，ϕ_t は

$$\phi_t = \frac{\beta E_t\left[(1-\gamma)+\gamma E_t\phi_{t+1}\right]R_t^l}{1-\beta E_t\left[(1-\gamma)+\gamma E_t\phi_{t+1}\right]\frac{R_t^l-R_t^d}{1-\hat{\lambda}}} \tag{3.32}$$

で与えられることになる．この関数形は前章の基本モデルと同一である．

前章のモデルとの違いは，右辺分母にある $\hat{\lambda}$ である．まず，全ての負債がバランスシート上に乗っている場合を分析する．すなわち $\hat{\lambda}=\lambda^r<\lambda^m$ の場合である．金融のイノベーションによって社債市場が発達した場合には，社債は銀行のバランスシート上に記載される．このイノベーションは (3.32) 式を直接変更させることなく，$\hat{\lambda}=\lambda^r$ が成立する．銀行がシャドーバンク部門を設立して信用保証を簿外に移した場合には，銀行借入制約のパラメータは $\hat{\lambda}=\lambda^m>\lambda^r$ となり，レバレッジを上げることができる．その結果，銀行価値評価関数 (3.32) 式の ϕ_t を上昇させる．

もちろん，社債の場合でも，シャドーバンクの場合でも，預貸スプレッド $R_t^l-R_t^d$ が変化すれば，それは銀行のフランチャイズバリュー (3.32) を変化させる．

3.3.3 労働者
労働者に関する仮定と行動は前章のモデルと全く同一である．

3.3.4 市場均衡

前章との重複も多いので，均衡条件式は数学付録 A に収録している．

3.4 銀行リスクテイキングの決定要因

この節では，借手の資金調達手段の多様化が，銀行のリスクテイキングと金融市場の脆弱性に与える影響を分析する．ここでも銀行のリスクテイキングの鍵となるのは，預貸スプレッド $(R_t^l - R_t^d)$ である．シミュレーションの節では，社債市場とシャドーバンキングでは，銀行のリスクテイキングに与える影響が異なるということを示すが，本節はそれにつなげる準備である．

銀行がバブル資産に投資をする誘因を理解するために，まずは，貯蓄主体の，預金とバブル資産の間の無裁定条件 (3.20) 式を考察することが有益である．それは次のように書き換えることができる．

$$E_t\left[\frac{\tilde{\mu}_{t+1}^e}{\mu_t}\right] = R_t^d - \frac{cov_t\left[\frac{1-\tau_{t+1}}{c_{t+1}^L}, \frac{\tilde{\mu}_{t+1}^e}{\mu_t}\right]}{E_t\left[\frac{1-\tau_{t+1}}{c_{t+1}^L}\right]} \tag{3.33}$$

$$\equiv R_t^d + \varkappa_t^L$$

ここで $\varkappa_t^L$ は，貯蓄主体がバブル資産に対して要求するリスクプレミアムである．このプレミアムは，貯蓄主体の危険回避度の増加関数であり，また，貯蓄主体の消費の限界効用とバブル資産収益との相関の関数である．貯蓄主体のバブル資産保有が増えると，バブル資産の収益率の変動と，消費の変動が，正に強く相関するようになる．標準的な資産価格決定理論が示すとおり，その場合には，貯蓄主体がバブル資産に対して要求するリスクプレミアムが，高くなる．

銀行がバブル資産に投資をする際の無裁定条件は，(3.30) より

$$
\begin{aligned}
E_t\left[\frac{\widetilde{\mu}_{t+1}^b}{\mu_t}\right] &= R_t^l - \frac{cov_t\left[(1-\gamma+\gamma\phi_{t+1}), \frac{\widetilde{\mu}_{t+1}^b}{\mu_t}\right]}{E_t\left[(1-\gamma+\gamma\phi_{t+1})\right]} \\
&\equiv R_t^l + \varkappa_t^B
\end{aligned}
\tag{3.34}
$$

と書くことができる．ここで $\varkappa_t^B$ は銀行がバブル資産に対して要求するリスクプレミアムである．

　銀行が，リスク中立的であるにもかかわらず，リスクプレミアムを要求するということは，意外かもしれない．これは，銀行が借入制約に直面しているために，銀行資本の限界的な価値が変動するからである．銀行資本の限界的な価値は $(1-\gamma+\gamma\phi_{t+1})$ で与えられており，ϕ_{t+1} の変動に影響を受ける．ϕ_t は銀行のフランチャイズバリューを表しており，(3.32) 式で示されているとおり，預貸スプレッドに左右される．次期の預貸スプレッドが高いと ϕ_{t+1} が高くなるが，それは，ϕ_{t+1} が，現在から将来にわたって銀行業を営むことの収益の割引現在価値を，表しているからであり，銀行収益は預貸スプレッドに依存するからである．

　銀行資本の限界価値が，預貸スプレッドに正に相関するために，銀行は，預貸スプレッドが高い時期に銀行資本を厚めに持っておきたい誘因がある．シミュレーションで後に示すように，預貸スプレッドが高いのは資産バブルが崩壊した時である．このため，個別銀行は，金融システム全体に及ぼすリスクに対しては，危険回避的に行動する．バブル資産の場合には，銀行の危険回避度は，金融システム全体がバブルの崩壊にどの程度影響を受けるかということに依存する．これは，Perotti and Suarez (2002) が「Last Bank Standing」効果と呼んだものである．つまり，他の銀行が倒れた時に自行が生き残れた場合には，高い預貸スプレッドを享受して，高い収益をあげることができるという効果である．このため，銀行はバブル資産に投資をしない誘因を持つ

傾向がある．さらに，銀行にとってのバブルの期待収益率は政府の救済策も含んでいる．貯蓄主体は政府によって救済されないと仮定しているため，貯蓄主体と銀行それぞれに対するバブル資産の収益率は

$$E_t \left[\frac{\tilde{\mu}_{t+1}^b}{\mu_t} \right] = E_t \left[\frac{\tilde{\mu}_{t+1}^e}{\mu_t} \right] + (1-\pi)\rho$$

の関係を満たす．ここで $(1-\pi)\rho$ は，バブルが崩壊した時に政府が銀行に対して行う救済策の期待値である．すると (3.34) 式は

$$E_t \left[\frac{\tilde{\mu}_{t+1}^e}{\mu_t} \right] + (1-\pi)\rho = R_t^l + \varkappa_t^B \qquad (3.35)$$

と書き換えることができる．左辺は，政府の銀行救済策も含めた銀行にとってのバブル資産の期待収益率，右辺は，貸出利子率とバブルのリスクプレミアムの和になっている．最後に，貯蓄主体の無裁定条件を銀行の無裁定条件に代入することにより，銀行がバブル資産を持つ条件を

$$(1-\pi)\rho + \varkappa_t^L - \varkappa_t^B = R_t^l - R_t^d \qquad (3.36)$$

と書くことができる．(3.36) 式の左辺は 2 つの要素からなる．最初の項は政府の銀行救済策の期待値である．この項は，事後的な政府の救済策を事前に見込んでリスクを取るという，古典的なモラルハザード効果を表している．銀行救済策が手厚いほど，銀行はリスクテイキングをする誘引が強くなる．これは第 2 章で詳細に分析した効果である．もう 1 つの要素は，貯蓄主体と銀行が要求するリスクプレミアムの差 $(\varkappa_t^L - \varkappa_t^B)$ である．(3.36) 式右辺の預貸スプレッド $(R_t^l - R_t^d)$ は，銀行のフランチャイズバリューを規定するものである．預貸スプレッドが十分に高い場合には，伝統的な企業貸出に専念し，リスクの高いバブル資産に投資をする誘因は弱くなる．

次節ではモデルをシミュレーションすることにより，金融技術革新やシャドーバンク部門の出現が，伝統的な銀行部門との競争を激化させ，預貸スプレッドの下落と銀行フランチャイズバリューの下落をもたらすことを示す．(3.36) 式の左辺を所与として，これらは銀行のリスクテイキングを促し資産バブルへの投資を誘発する．さらに，社債市場の発達に比べると，シャドーバンク部門の出現の方が，預貸スプレッドがより大きく減少し，銀行のリスクテイキングも大きくなり，金融不安定性が増すことを示していく．

3.5　非銀行金融と金融システムの脆弱性

この節では本章の中心的な問題,「銀行以外の資金調達手段の多様化はどのような影響を銀行部門とマクロ経済に及ぼすか」ということを分析する．そのために，社債市場の発達とシャドーバンク部門の発達の 2 つを，シミュレーションを使って比較検討する．

貯蓄主体と企業の間で資金の融通の方法が多様化したとしても，借手である企業の借入制約が緩むことを意味しない．社債市場が発達したとしても，シャドーバンクが発達したとしても，企業の借入制約の厳しさを表すパラメータ θ は変化しない．その一方で，社債市場やシャドーバンクは，銀行の借入制約に影響を与える．また，社債市場はその機能が銀行に依存しない一方で，シャドーバンク部門はその存在が銀行に依存するという点が違っている．この違いが非常に重要になる．

モデルのカリブレーションは，基本的に前章に従っている．政府の銀行救済パラメータ ρ は 0.5 と設定しておく．全ての貸し借りが銀行のみを通してなされる場合を参照点とする．その場合には $\chi = 1$ と設定する．つまり，社債市場は存在せず $(\chi = 0)$，銀行のレバレッジを決めているものは政府の銀行規制であり，市場の規制ではないとする．後

者を表現するために，$\lambda^m = 0.765$ 及び $\lambda^r = 0$ と設定した.

　金融市場の脆弱性をモデル分析するために，まず GDP 対比 10％の資産バブルが存在する状態を，初期状態とする. そこに，2つのショックを導入する. 社債市場の発達とシャドーバンク部門の出現である. どちらの場合でも，「社債」もしくは「信用保証」が銀行貸出の 25％になるように，パラメータを設定している. これは，2000 年から 2006 年にかけての米国の ABS の増加の規模に，相当する. 社債市場の発達を表すためには，χ を 1 から 0.846 に減少させている. シャドーバンク部門の場合には，シャドーバンクが設立されると政府の資本規制の実効性が失われる，とモデル化した.

　これらの金融の構造変化が，既存の銀行部門のリスクテイキングにどのような影響を与えるであろうか. また，非銀行金融は Greenspan が主張したようなスペアタイヤとして，銀行部門の金融仲介機能が弱った時に企業に資金を提供するのだろうか. こういった問題に対して，モデルシミュレーションをすることによって答えていく.

　図 3.1 と 3.2 は，社債市場とシャドーバンク部門が発達した場合の経済の動きを，シミュレーション比較している. 両方の図においては，第 2 期に金融の構造変化が生じて，第 5 期にバブルが崩壊する，と仮定している. モデルにおける 1 期間は 1 年と想定しているので，金融市場に構造変化が生じてから 3 年後にバブルが崩壊する，と仮定していることに等しい. 図の縦軸に示されている値は，金融構造変化が生じていないバブル均衡の値で，正規化してある. 図 3.1 は銀行リスクテイキングに関連する変数について，図 3.2 は銀行リスクテイキングが実体経済に与える影響を示している.

　図 3.1 は，2 つの金融構造変化が好況期に銀行のレバレッジにもたらす影響が，全く違うことを示している. シャドーバンクの場合は，そ

---

[8]図中，"corporate bonds" は社債市場，"shadow banking" はシャドーバンク部門がある場合. 図 3.2 においても同様.

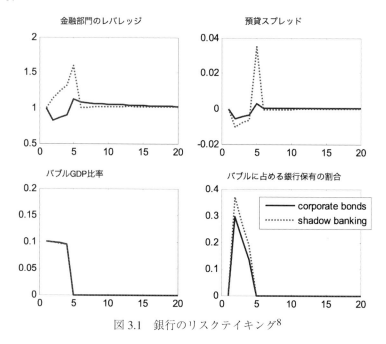

図 3.1　銀行のリスクテイキング[8]

　の発生前に比べると，銀行部門のレバレッジが約 1.5 倍になる．その一方で社債市場の場合は，むしろ銀行部門のレバレッジは下落する．この違いが生じる理由は，社債市場が発展した場合には，貯蓄主体から企業へ銀行を介さずに資金が融通される．つまり銀行借入に対する需要が減少する．銀行の収益は圧迫され，そのフランチャイズバリューも下落する．銀行のレバレッジはフランチャイズバリューに依存するために，レバレッジも下落する．シャドーバンク部門の発達も，それ自体は競争の激化を通じて，銀行の収益を圧迫する．しかし，資産の一部を簿外に移して規制資本を節約できる効果が収益圧迫の効果を上回るために，銀行部門総体のレバレッジは上昇する．

　社債市場が発達した場合と，シャドーバンクが発達した場合との間で生じる銀行レバレッジの変化の違いは，預貸スプレッドの変化の違い

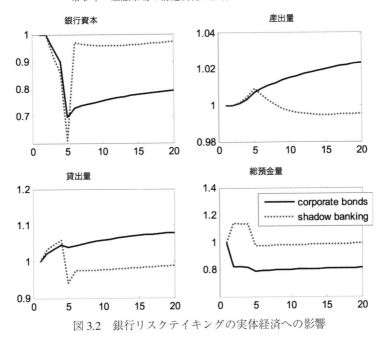

図 3.2　銀行リスクテイキングの実体経済への影響

　にも反映される．預貸スプレッドは両者の場合で共に下落するが，シャドーバンク部門が発達した場合の方が，下落幅が大きい．この違いは，レバレッジが銀行収益に与える効果の違いに起因する．$R_t^l - R_t^d > 0$ である場合には，レバレッジが高いと，銀行の内部資本 n_t の収益率が高くなる．よって，銀行資本の増加率も高くなる．しかし，レバレッジの上昇に伴い銀行とシャドーバンクの資金供給が増加すると，預貸スプレッドが減少する．この効果により，シャドーバンク部門が発達した場合の方が，社債市場が発達した場合よりも，預貸スプレッドの下落幅が大きくなる．社債市場が発達した場合には，銀行借入需要が減少するに従い，銀行レバレッジが下落する．レバレッジの下落は，資金供給の減少を通じて，預貸スプレッドの減少幅を抑える役割を持つ．
　図 3.1 の最後には，両者の場合の銀行レバレッジと預貸スプレッドの

動きの違いによって，銀行のリスクテイキングの程度が大きく異なることが，示されている．シャドーバンク部門が発達した方が，社債市場の場合に比べて，預貸スプレッドの低下幅が大きいので，バブル資産へのリスクテイキングの程度がより大きくなる．さらに，シャドーバンク部門が発達した時の方が，レバレッジの拡大幅が大きいので，バブルが崩壊した際の銀行資本の減少幅も大きくなる．このことは図 3.2 で確認できる．また，図 3.2 では，シャドーバンク部門発達の場合の方が生産量や銀行の貸出量の変動も大きいことが示されている．図 3.1 の左下のパネルには，バブルが GDP 対比で 10% 程度まで成長した後に第 5 期に崩壊することが，示されている．この時には，金融規制当局の政策により，シャドーバンク部門が閉鎖されると仮定している．一方，社債市場の場合には，バブル崩壊後も社債市場は閉鎖されないという仮定を置いている．シャドーバンク部門の場合は，バブル崩壊後に伴う銀行資本の毀損とシャドーバンクの閉鎖により，産出量の減少幅が大きくなる．それに対して社債市場の場合は，社債市場が銀行貸出の減少をある程度相殺する．その結果産出量の減少幅はより小さくなる．銀行資本が毀損するという点は両方の場合に共通するが，バブル崩壊後の経済の動きは異なる．社債市場の場合には，銀行部門のバブル資産に対するリスクテイキングがそれほど大きくないので，銀行資本の毀損幅も大きくない．さらに，社債市場が銀行貸出のスペアタイヤとして機能していることが，産出量の減少幅を限定的にすることに貢献している．

3.6 結論

　本章では，銀行以外の資金調達手段の多様化と銀行のリスクテイキングの関係，また，その発展が金融市場の脆弱性とマクロ経済に与え

る影響を分析した．企業や家計の資金調達手段の多様化が経済に与える影響は，それが真の意味で銀行部門の健全性と独立しているかどうかということに依存している．本章では，分析を明確にするために，2つの極端な例を取り上げた．本章で「社債市場」と呼んだものでは，銀行以外の貸手が債務返済を履行できる状態を分析した．「シャドーバンク」と呼んだものでは，実質上の債務返済履行能力は銀行が有しており，母体銀行が，シャドーバンクを通じて融資した資金の信用保証を，バランスシート外で行う状態を分析した．双方の場合で，銀行貸出以外の信用供給が拡大し，預貸スプレッドが下落し，銀行のフランチャイズバリューが下落する．その結果，銀行が，バブル資産に投資をする，というリスクテイキングを誘発する．これらは両者で共通している．異なるのは，バブル崩壊後に銀行と経済に与える影響である．「社債市場」の場合では，銀行資本が毀損した後も景気後退が緩やかである．これは Greenspan (1999) がスペアタイヤと呼んだものだ．企業にとって，資金調達先が多様化すると，銀行部門の負のショックが企業に波及しにくくなる．それに対して，「シャドーバンク」の場合には，実質上資金調達先が多様化していない．バブル崩壊前の銀行部門のレバレッジを上げる効果を通じて，バブル崩壊後の経済収縮が大きくなる効果を持つ．

A　付録：均衡条件

　本章のモデルの均衡条件は以下のとおり．バブル資産の総供給量を1と正規化すると，バブル資産市場の均衡条件は

$$m_t^e + m_t^b = 1 \tag{A.1}$$

である．ここで m_t^e と m_t^b は，それぞれ，低生産性起業家と銀行のバブル資産保有量である．

Z_t^H と Z_t^L をそれぞれ，高生産性起業家と低生産性起業家の純資産とする．すると高生産性起業家の雇用量は (3.17) 式より

$$H_t^H = \frac{\beta Z_t^H}{w_t - a^H \theta \left((1-\chi)/R_t^m + \chi/R_t^l\right)} \tag{A.2}$$

である．(3.19) 式が成り立っている場合には，低生産性起業家は預金と自己生産の双方を行うので

$$H_t^L = \beta Z_t^L - D_t - B_t^M - m_t^e \mu_t \tag{A.3}$$

が成り立つ．ここで，D_t と B_t^M は総銀行預金量と証券（社債，もしくはシャドーバンク部門が保証した証券）である．

次に銀行部門についてである．「シャドーバンク部門」の場合には，銀行部門の総貸出量は，銀行部門の市場における借入制約に制約される．よって総預金量と信用保証の和は

$$S_t + D_t = \frac{\phi_t}{(1-\lambda^m)} \gamma N_t \tag{A.4}$$

で与えられる[9]．ここで S_t は簿外の信用保証の総量である．預金は政府規制の範疇であるので，借入制約（資本規制）は

$$D_t \leqslant \frac{\phi_t}{(1-\lambda^r)} \gamma N_t \tag{A.5}$$

で与えられる．(A.4) 式と (A.5) 式によって預金と簿外信用保証の配分が決定される．また，均衡では $S_t = B_t^M$ が成り立つ．バランスシートは

$$D_t + \gamma N_t = B_t^L + m_t^b \mu_t \tag{A.6}$$

---

[9] $1-\gamma$ の割合の銀行家が毎期退出するので，業務を行っている銀行の銀行資本の総量は γN_t である．

で与えられる.

「社債市場」の場合には $S_t = 0$ であり, 社債市場の規模は

$$R_t^d B_t^M = \theta(1-\chi) a^H H_t^H \tag{A.7}$$

で与えらえる.

　状態変数の遷移式は次のとおりである. 低生産性起業家は確率 $n\delta$ で来期に生産性が高くなり, 高生産性起業家は確率 $1-\delta$ で来期も生産性が高い状態が続く, と仮定している. また, それぞれの起業家の収益率は (3.16) 式と (3.18) である. よって, 高生産性起業家の総資産の遷移式は, (3.16) 式と (3.15) を使うことにより

$$Z_{t+1}^H = (1-\tau_t)\left\{ (1-\delta)\frac{a^H(1-\theta)}{w_t - a^H\theta\left((1-\chi)/R_t^m + \chi/R_t^l\right)}\beta Z_t^H \right.$$
$$\left. + n\delta\left[R_t^d\left(\beta Z_t^L - m_t^e\mu_t\right) + m_t^e\mu_{t+1} \right] \right\} \tag{A.8}$$

となる. 同様に, 低生産性起業家の総資産の遷移式は

$$Z_{t+1}^L = (1-\tau_t)\left\{ \delta\frac{a^H(1-\theta)}{w_t - a^H\theta\left((1-\chi)/R_t^m + \chi R_t^l\right)}\beta Z_t^H \right.$$
$$\left. + (1-n\delta)\left[R_t^d\left(\beta Z_t^L - m_t^e\mu_t\right) + m_t^e\mu_{t+1} \right] \right\} \tag{A.9}$$

となる. 生産関数より, 総生産量は

$$Y_t = a^H H_{t-1}^H + a^L H_{t-1}^L \tag{A.10}$$

である. 最後に銀行部門の総資本の遷移式は

$$N_{t+1} = \gamma\left[R_t^l B_t^l + m_t^b\mu_{t+1} - R_t^d D_t + (1-\psi)\left(R_t^l - R_t^d \right) S_t \right] \tag{A.11}$$

である. 財市場均衡条件は貯蓄と投資の均等化を意味するので

$$\beta(Z_t^H + Z_t^L) + \gamma N_t = w(H_t^H + H_t^L) + \mu_t \tag{A.12}$$

である．労働市場均衡条件は

$$w_t^\eta = H_t^H + H_t^L \tag{A.13}$$

である．これら (3.19), (3.20), (3.30), (3.32), (A.1)–(A.13) の式が 17 の内生変数 R_t^d, R_t^l, w_t, H_t^H, H_t^L, Y_t, ϕ_t, D_t, S_t, B_t^L, B_t^M, Z_{t+1}^H, Z_{t+1}^L, N_{t+1}, μ_t, m_t^e, m_t^b, と 3 つの状態変数 Z_t^H, Z_t^L, N_t を決定する[10].

---

[10]ワルラスの法則よりこれらの方程式のうち 1 つは使う必要がない．

参考文献

Acharya, V., Schnabl, P., Suarez, G., 2013. Securitisation without risk transfer. Journal of Financial Economics 107, 515–536.

Alessandri, P., Meeks, R., Nelson, B., 2017. Shadow banks and macroeconomic instability. Jounal of Money, Credit and Banking 49, 1483–1516.

Aoki, K., Benigno, G., Kiyotaki, N., 2009. Adjusting to capital liberalization. Working Paper, LSE.

Aoki, K., Nikolov, K., 2015a. Bubbles, banks and financial stability. Journal of Monetary Economics 74, 33–51.

Aoki, K., Nikolov, K., 2015b. Financial disintermediation and financial fragility. Mimeo.

Caballero, R., Krishnamurthy, A., 2006. Bubbles and capital flow volatility: Causes and risk management. Journal of Monetary Economics 53, 35–53.

Calvo, G. A., 1998. Capital flows and capital-market crises: the simple economics of sudden stops. Journal of Applied Economics 1 (1), 35–54.

Claessens, S., Kose, A., Terrones, M., 2011. How do business and financial cycles interact? Journal of International Economics 87, 178–190.

Corbae, D., D'Erasmo, P., 2013. A quantitative model of banking industry dynamics. Federal Reserve Bank of Philadelphia Working Paper.

Farhi, E., Tirole, J., 2012. Bubbly liquidity. The Review of Economic Studies 79 (2), 678–706.

Financial Stability Board (FSB), Bank for International Settlements (BIS), International Monetary Fund (IMF), 2009. Guidance to Assess the Systemic Importance of Financial Institutions, Markets and

Instruments: Initial Considerations. Report to the G-20 Finance Ministers and Central Bank Governors (October), 1–27.

Gennaioli, N., Shleifer, A., Vishny, R., 2012. Neglected risks, financial innovation, and financial fragility. Journal of Financial Economics 104, 452–468.

Gertler, M., Karadi, P., 2011. A model of unconventional monetary policy. Journal of Monetary Economics 58, 17–34.

Gilchrist, S., Zakrajsek, E., 2012. Credit spreads and business cycle fluctuations. American Economic Review 102, 1692–1720.

Goodhart, C., Kashyap, A., Tsomocos, D., Vardoulakis, A., 2012. Financial regulation in general equilibrium. NBER Workin Paper No. 17909.

Gorton, G., 2010. Slapped by the Indivisible Hand: the Panic of 2007. Oxford University Press.

Greenspan, A., 1999. Lessons from the global crises. speech before the World Bank Group and the International Monetary Fund, Program of Seminars, Washington, DC, 27 September.

Gropp, R., Hakenes, H., Schnabel, I., 2011. Competition, risk-shifting, and public bail-out policies. Review of Financial Studies 24, 2084–2120.

Hanson, S., Kashyap, A., Stein, J., 2011. The macroprudential approach to financial regulation. Journal of Economic Perspectives 25, 3–28.

Jorda, O., Schularick, M., Taylor, A., 2012. Financial crises, credit booms and external imbalances: 140 years of lessons. IMF Economic Review 59, 340–378.

Kareken, J., Wallace, N., 1978. Deposit insurance and bank regulation: A partial equilibrium exposition. Journal of Business 51, 412–438.

Kiyotaki, N., 1998. Credit and business cycles. Japanese Economic Review 49, 18–35.

Kocherlakota, N., 2009. Bursting bubbles: Consequences and cures. Working Paper, Federal Reserve Bank of Minneapolis.

Lorenzoni, G., 2014. International financial crises. In: Gopinath, G., Helpman, E., Rogoff, K. (Eds.), Handbook of international

Economics. Vol. 4. Elsevier.

Martin, A., Ventura, J., 2012. Economic growth with bubbles. American Economic Review 102(6), 3033–3058.

Perotti, E., Suarez, J., 2002. Last bank standing: What do I gain if you fail? European Economic Review 46, 1599–1622.

Reinhart, C., Rogoff, K., 2008. This time is different: A panoramic view of eight centuries of financial crisis. NBER Working Paper No. 13882.

Samuelson, P. A., 1958. An exact consumption-loan model of interest with or without the social contrivance of money. The Journal of Political Economy 66 (6), 467–482.

Sargent, T., 1987. Dynamic Macroeconomic Theory. Harvard University Press, Cambridge, USA.

Tirole, J., 1985. Asset bubbles and overlapping generations. Econometrica 53 (6), 1499–1528.

Tucker, P., 2010. Shadow banking, financing markets and financial stability. Remarks to a BGC Partners Seminar, London.

Ventura, J., 2012. Bubbles and capital flows. Journal of Economic Theory 147(2), 738–758.

Vives, X., 2011. Competition policy in banking. Oxford Review of Economic Policy 27, 479–497.

Weil, P., 1987. Confidence and the real value of money in an overlapping generations economy. Quarterly Journal of Economics 102, 1–22.

Welch, I., 2004. Capital structure and stock returns. Journal of Political Economy 112 (1), 106–131.

日本銀行金融研究所, 2011. 日本銀行の機能と業務. 有斐閣.

日本経済新聞社, 2000a. 金融迷走の 10 年　危機はなぜ防げなかったのか. 日本経済新聞社.

日本経済新聞社, 2000b. 検証バブル　犯意なき過ち. 日本経済新聞社.

鈴木恒, 2009. 巨大銀行の消滅　長銀「最後の頭取」10 年目の証言. 東洋経済.

著者紹介

青木　浩介

1992 年　神戸大学経済学部卒業

1994 年　神戸大学大学院経済学研究科修士課程修了

2000 年　プリンストン大学 Ph.D

現在　　東京大学大学院経済学研究科教授

　　　　元・三菱経済研究所研究員

金融機関のリスクテイキングと資産バブル

2020 年 3 月 27 日　発行

定価　本体 1,000 円＋税

著　　者　　青　木　浩　介
　　　　　　ア オ　キ　コ ウ ス ケ

発 行 所　　公益財団法人　三菱経済研究所
　　　　　　東 京 都 文 京 区 湯 島 4-10-14
　　　　　　〒 113-0034 電話 (03)5802-8670

印 刷 所　　株式会社 国 際 文 献 社
　　　　　　東 京 都 新 宿 区 山 吹 町 332-6
　　　　　　〒 162-0801 電話 (03)6824-9362

ISBN 978-4-943852-76-6